小林一哉

家康、真骨頂

「狸おやじ」のすすめ

平凡社

小笠原家寄贈の徳川家康像。60歳前後とされる（久能山東照宮所蔵）

日本最古の西洋時計（国の重要文化財）

歯朶《しだ》の前立《まえだて》（国の重要文化財）

大坂の陣で家康が着用した歯朶具足《しだぐそく》（国の重要文化財）

まえがき

まず、カバー左と口絵iページに使った人物をご覧になって、果たして何人の方がこの人物を家康だと言い当てることができるでしょうか。六十歳前後の「徳川家康像」（久能山東照宮博物館蔵）とされますが、初めてご覧になって、「これは絶対に家康ではない」と思われる方たちが非常に多いようです。カバー右と221ページのでっぷりと太った、狸顔の家康像になじみのある方たちには、すらりとした家康は受け入れられないのでしょう。家康についての著書は、毀誉褒貶《きよほうへん》を含めてあまたあり、いまさらとお感じの方たちも多いでしょうが、実は、家康と言っても自身で書いたものを残していませんので、この画像同様に謎の部分ばかりなのです。

アビラ・ヒロン、セバスティアン・ビスカイノら当時、日本を訪れたスペイン人たちは家康と面会して、その印象を「暴君」「強欲」「腹黒」などと報告書に書いています。

ところが、青い目のサムライと呼ばれ、側近だったウイリアム・アダムス（三浦按針）をはじめ日本のイギリス商館で働いたイギリス人たちが会った家康は、スペイン人たちとは全く違う印象を持たれています。どちらにしても、日本の歴史書の世界とは全く異なる家康像がそこにはあり、歴史の見方、評価も彼らの報告書や日記をたどることで全く異なる様相を見せています。

スペイン人、イギリス人らの家康への複雑な敵意や尊敬などすべてが、当時の世界情勢と深く関わっています。

世界征服に乗り出し、アフリカ、アメリカ、東アジアを勢力下に置いたカトリック（スペイン、ポルトガル）ですが、ヨーロッパではプロテスタント（オランダ、イギリス）と熾烈《しれつ》な戦いを繰り広げていました。プロテスタントにとってローマ法王はキリスト教の頂点ではありません。もし、アダムスらがプロテスタント側から説明すれば、キリスト教そのものが全く違うものであり、カトリックのイエズス会、フランシスコ会などの宣教師が日本で布教してきたすべてが台無しにされてしまいます。何よりも、スペイン、ポルトガル両国王とローマ法王が結び付いた政教一致のカトリック布教は、植民地化の前段階であるという事実を日本人は知りませんでした。

幸運にも、家康はアダムスとの出会いで、キリスト教という信仰には相容れないカトリック、プロテスタントの存在があり、さらに、カトリック勢力の世界征服戦略を知り、日本の植民地化へ危機感を抱くことになるのです。


本書『家康、真骨頂――「狸おやじ」のすすめ』では「暴君」「腹黒」「狡猾」「強欲」「頑固」の章を設けて、これまでとは全く異なる視点で家康を調べてみました。後世、家康批判の基になるキリスト教禁令、大坂の陣などを洗い直し、その見方、評価が百八十度違うことを紹介しました。

久能山東照宮など家康（東照権現）を祀る神社では、二〇一五年に四百年大祭、二〇一六年に没後四百年事業を行います。織田信長や坂本龍馬らを尊敬する政治家が多いのに対し、現在でも徳川家康の評判は芳しくありません。「狸おやじ」と呼ばれる地味な政治家、家康の真の姿を知ることで、あなた自身の見方、評価も変わってくるはずです。そして、いま、日本に最も必要な政治家が「狸おやじ」であることを知ることになるでしょう。

第一章　暴君

「暴君」家康説はどこから？

徳川家康（一五四二〜一六一六）は「暴君」だった。

こんなふうに書くと、傲慢で、直情型だった織田信長（一五三四〜一五八二）、派手好みで、どんちゃん騒ぎが大好きだった豊臣秀吉（一五三七〜一五九八）に比べて、地味で努力家、我慢強いというイメージが強い家康だけに、異論、反論の声が挙がるだろう。

「狸おやじと言っても、家康は暴君とかではなく、腹黒、強欲、けちでずる賢いほうじゃないのか？」。多分、そんな声が聞こえてきそうだ。家康には横暴な専制君主としてのイメージはないらしい。

「暴君」と言えば、古代ローマ皇帝のネロに代表される殺戮《さつりく》を繰り返す残虐で、絶対的な専制君主を思い浮かべるだろう。日本では、「比叡山延暦寺の焼き討ち」、「長島一向一揆二万人の焼殺」などを行ったとされ、「魔王」と呼ばれた信長がそれに当てはまる。「鳴かぬなら殺してしまえホトトギス」の信長に対して、「鳴かぬなら鳴くまで待とうホトトギス」が家康なのである。武力に訴える残酷、暴虐といったイメージからはるかに遠い存在である。

本当に、家康は「暴君」と呼ばれていたのか？

まあ、そう慌てずに、話を聞いてほしい。

家康を「暴君」と名指ししたのは、日本人ではなく、スペイン人である。日本を三度訪れた経験を『日本王国記』に書いた、スペイン商人アビラ・ヒロン（生没年不詳、一六〇七〜一六一九年日本滞在）が「（家康は）暴君で、商売人で、しかも強欲である」と、真っ先に「暴君」家康を挙げている。歴史書には登場しないから、「暴君」家康説については、ほとんどの人は初めて聞くだろう。

ヒロンの『日本王国記』は、日本人に見せるつもりで書いたのではないから、その物言いは率直で歯に衣着せていない。売上税、関税など西洋では当たり前の税金が一切掛からない天国のような日本での商売で大儲けしていたのである。それなのに、「暴君」とはあまりにひどい言われようである。ヒロンは「(秀吉から家康の時代になった後) この王国ではすべて次第に変わってきて、われわれにとっては万事が不都合になり始めた」と書いてから、「皇帝(家康を指す)は暴君で、商人で、しかも強欲である」と言っている。つまり、「暴君」と名指しされた家康は秀吉に比べて、ヒロンには厳しく、手強い商売相手だったということになる。

一六一五年に日本を訪れたスペイン大使ディエゴ・デ・サンタ・カタリーナ(生年不詳〜一六三六)は家康との謁見を何度も望んだが、果たすことができず、「皇帝(家康)は暴君なれば万事に疑心を抱き……」などと報告している。調べていくと、スペイン人の多くが家康を「暴君」と呼んでいたことが分かる。

日本近海にある金銀島探検

「暴君」家康を最も忌み嫌ったのは、カリフォルニア沿岸の地図を初めて作成したことで知られる、スペインの商人、探検家セバスティアン・ビスカイノ(一五四八〜一六二八)である。

ビスカイノは約二年半、日本に滞在している。来日すると真っ先に家康に面会している。ビスカイノの『金銀島探検報告』では、「年とともに強欲はひどくなり、三億以上をその金庫に持っているというのに、あたかも無一物であるかのごとく振る舞い、駆け引きする」と「家康は強欲、けち、ずる賢い」とさんざんにけなした後、「その休息のために四十人もの女たちをはべらし、しかも女たちのほとんどは、二十歳に満たない者ばかりである。暴君で、家来たちすべての者に崇拝と敬服を求めている」と、やはり「暴君」との評価を下している。当時、家康は七十歳の古希を迎えていたが、男性から見れば羨ましいことに、若い女性をことのほか好むエネルギッシュな「暴君」として見られたのである。

スペイン大使セバスティアン・ビスカイノ

ビスカイノは、一六一一年六月、新スペイン（ヌエバ・エスパーニャ。メキシコなどを中心とした、当時のスペイン植民地）か

久能山東照宮に現存する1581年製の西洋時計（国の重要文化財）

ら、初めて日本の地を踏んだ。現在のメキシコで暮らしていたのだが、スペイン国王から、ジパング（黄金の島）として名高い日本国の近海にある金銀島を発見せよ、という勅命を与えられた。カリフォルニア沿岸の地図をつくるのとは全く違う金、銀という財宝がうなる金富島、銀富島発見という嘘のような使命を託されて日本を訪れた。マドリッドの宮廷では、北緯二十九度に金富島、北緯三十五度に銀富島が実在するという情報が信じられていたのである。

六月に日本に到着したビスカイノ一行は、七月四日から十六日まで駿府に滞在、家康に面会して、スペイン国王からの書簡を手渡し、贈り物を献上している。

スペイン国王の贈り物だったとされる「西洋時計」が、久能山東照宮博物館に所蔵されている。

大英博物館キュレーター、トンプソン氏による時計調査風景

大英博物館、西洋時計を絶賛

二〇一二年五月、ロンドンの大英博物館時計部門責任者で、キュレーターのデービッド・トンプソン氏が久能山東照宮をわざわざ訪れ、この時計を調査して、大きな話題になった。大英博物館は最古の機械式西洋時計をはじめ、約八千個もの機械式西洋時計を所蔵する世界的コレクションで知られ、トンプソン氏は古時計の権威である。

一五八一年製作当時の部品はほぼオリジナルのままで、時計を納めていた豪華な革箱も残り、四百年前の姿をとどめていたことから、トンプソン氏は「世界的にも稀な非常に貴重な時計」だと大絶賛した。当時の機械式時計は限られた王侯貴族のみが所有する、非常に貴重かつ高価なものであった。その時代の古時計は世界で推定五十個前後残るとされるが、現存する古時計は年月を経て、ほとんどが修理され、新しい部品に差し替えられている。世界中どこでも、時計は動いてなんぼのものだから、故障すれば、修理を行い、部品交換するのが当然であり、さらに新たな機能も付け加えられていく。その結果、オリジナルの姿が失われていくのは仕方ないことであった。

ところが、久能山東照宮に残る西洋時計は、江戸時代を通じて使われることなく、神《しん》庫《こ》と呼ばれる収蔵庫に大切に保管されてきた。九九％オリジナルの状態をとどめているという、奇跡の時計が東洋の小さな島国に残っていたのだ。

この時計を持参したのが、ビスカイノだったらしい。

ビスカイノには金富島、銀富島発見という使命とともに、難破したスペイン船を救援してもらった答礼使としての役割があった。

一六〇九年秋、前フィリピン臨時総督ロドリゴ・デ・ビベロ（一五六四〜一六三六）ら約三百七十人が乗船したスペイン船が千葉県沖で難破、岩和田海岸付近で座礁、五十人前後が行方不明となり、約三百二十人の乗組員が海岸に漂着した。

家康はビベロらを救援、温かくもてなした。約一年間の滞在期間のすべての面倒を引き受け、さらにビベロらがメキシコに帰るのに、四千ダカット相当の銀を貸与するとともに、イギリス人ウイリアム・アダムス（三浦按針、一五六四〜一六二〇）建造の西洋帆船を提供している。そのお礼として、ビスカイノは、西洋時計とともにスペイン国王フェリペ三世、王妃、皇太子の肖像画、スペイン産ワインなどをスペイン国王の贈り物として持参したのである。

駿府城焼失などで、フェリペ三世の肖像画など他の贈り物は紛失してしまったが、西洋時計だけが久能山東照宮の神庫に大切に保管されてきた。

そんな奇跡の時計だから、世界的に貴重な価値があることは十分理解できる。久能山東照宮の落合偉洲《ひでくに》宮司（久能山東照宮博物館館長）は著書『家康公の時計――四百年を越えた奇跡』（平凡社）を上梓して、スペイン国王からの贈り物、日本最古の西洋時計について、スペイン人救出にまつわる感動的な歴史背景から大英博物館キュレーターによる調査に至るまでをつまびらかにした。さらに、重要文化財指定の西洋時計を国宝に格上げしたい、という落合宮司の率直な夢が語られ、大きな話題を提供した。

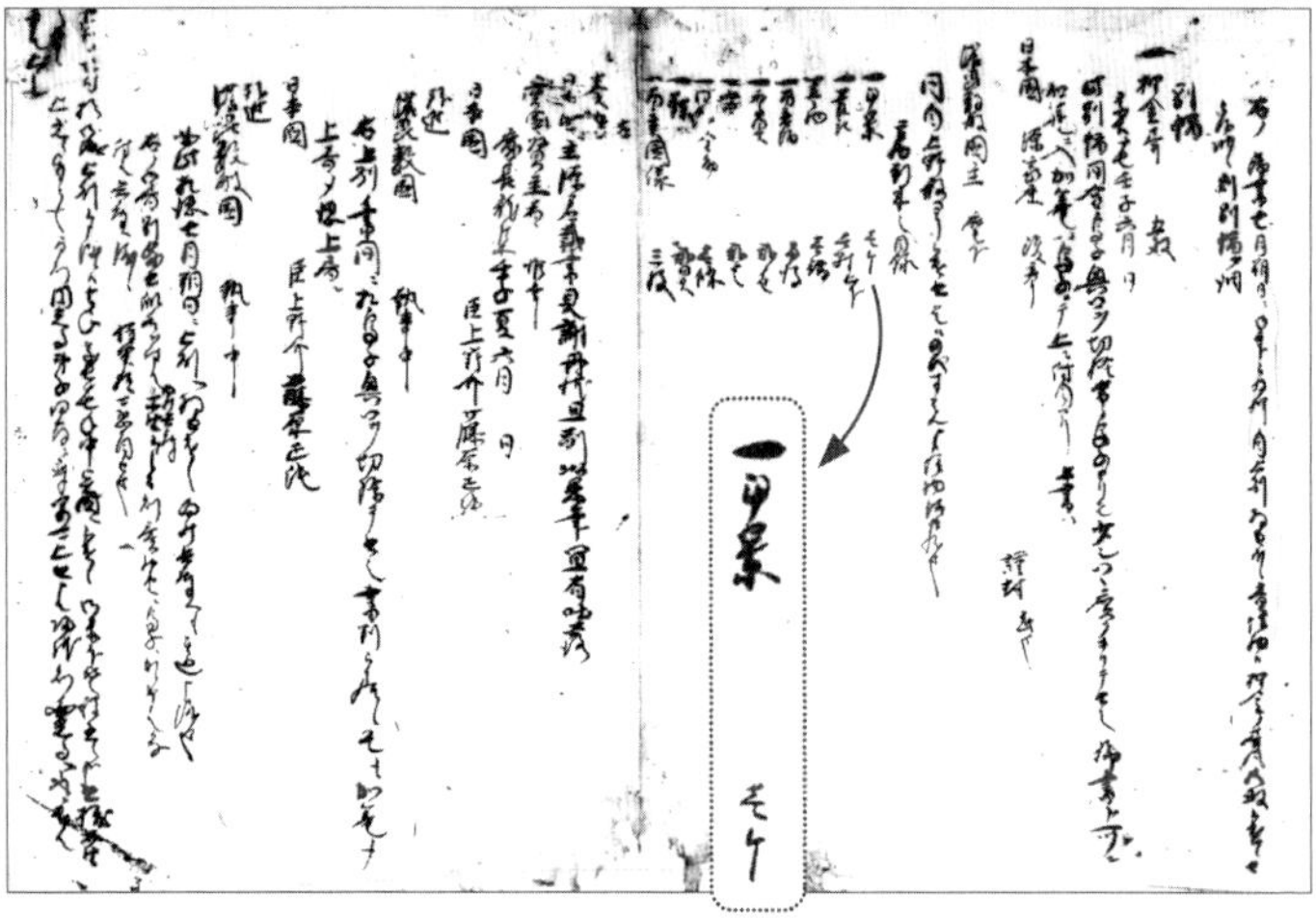

金地院所蔵『異国日記』（国の重要文化財）には「斗景」（時計）の記述がある

『異国日記』に登場する「斗景《とけい》」

家康の外交顧問、金地院《こんちいん》崇伝《すうでん》（一五六九～一六三三）が、諸外国との往復外交文書を書き記した『異国日記』（京都・金地院所蔵）にスペイン国王からの贈り物目録があり、その中に「斗景《とけい》 壱ケ」と書かれている。この記述から、スペイン国王の贈り物に「斗景＝時計」があったことは間違いない。

スペイン使節団代表のビスカイノが家康に西洋時計を献上したのは間違いないが、久能山東照宮に保管されてきた時計と同一であるのか、この点については疑問が残ることを指摘しておこう。

一九二九年十月発行の『異国日記』訳註

書の著者、村上直次郎氏は「久能山東照宮に蔵する一五八一年マドリッド製の置時計は或いは此時の贈品ならん」と注釈を入れている。村上氏は、久能山東照宮の西洋時計銘板に「HANS DE EVALO ME FECIT EN MADRID. A. 1581（ハンス・デ・エバロが一五八一年マドリッドで製作した）」と刻まれていることから、ビスカイノが持参したスペイン国王の贈り物と同一である可能性を示唆したのである。ただし、家康が所持した西洋時計は、スペインからの贈り物だけではなかったため、確証を得るまでには至らなかったようで、それで「或いは此時の贈品ならん」と疑問を表したのだ。

その後、一九五〇年七月発行の『日本の時計』（山口隆二著）では「（「斗景」は）静岡市久能山の宝物となっている置時計と同じものだと云われている」と〝伝聞調〟で、遠慮がちに書かれている。

それから三十年以上を経て、一九八四年一月発行の『時計の社会史』（角山栄著）では「（「斗景」は）一六一二（慶長十七）年徳川家康がスペイン国王から贈られた置時計で、静岡市久能山の東照宮に宝物として保存されている」となった。とうとう何の疑問もなく、「スペイン国王の贈り物＝久能山東照宮の時計」と特定してしまった。新たな証拠が見つかったわけではなく、村上氏らの著書を基にしているにすぎない。

〝角山氏の特定〟以降は、書籍、雑誌等すべてで久能山東照宮の時計がスペイン国王の贈り物と同一である、と紹介している。当然、どの書籍も孫引きが正しいかどうか確認する作業は全く行っていない。

角山氏は贈られた年号を「一六一二（慶長十七）年」としているが、これは誤りであり、実際にビスカイノが家康に贈り物を持参したのは、「一六一一（慶長十六）年」である。角山氏の年号の誤りに気づいていれば、スペイン国王の贈り物と久能山東照宮の時計を同一のものと〝特定〟することに疑問を抱く人が出てきてもおかしくない。しかし、現在では、〝角山氏の特定〟を真実のように伝えている。たった時計一個のことでも、歴史の真実を特定するというのは非常に難しい。ビスカイノが持参した時計が、久能山東照宮所蔵の時計と同一であるという可能性は極めて高いのだろうが、それが真実であるのかどうか疑問は残っている。

日本独特の時間制度を堅持

もう一つ興味深いのは、西洋時計の伝来によって、二十四時間という時間の概念を日本人が初めて知ることになったことだ。

江戸時代には一分が六十秒、一時間が六十分、一日が二十四時間という時間の長さは決まっていなかった。もっと生活に合わせた時間制度を採用していた。

当時、日本で採用されていた時間制度は、昼と夜の区分を日の出、日の入りに分けて、夜明けを明け六つ、日の入りを暮れ六つとして昼夜を分けていた。昼の時間が長く夜の時間が短い夏と、昼の時間が短く夜が長い冬では明け六つ、暮れ六つは違っている。昼夜の長さは季節によって大幅に変わることから、一時間（一刻）の長さも変わっていく。

正午（午の刻）だけは頭の真上にお日様が来る頃だ、と決まっていた。それで一日が回っていた。夏の昼間の一時間は、冬の一時間に比べて、一・五倍くらい長かったのである。当然、昼の長い夏の夜は短かった。日の出とともに働き、日の入りとともに一日を終える、当時の日本人にとって、正確ではない漠然とした時間（これを後世、「不定時法」と呼んだ）で何ら不都合がなかった。つまり、西洋時計は何の役にも立たなかった。

一八七三（明治六）年一月一日をもって、西洋式の二十四時間定時法に切り換えるのだが、他国との交渉のない江戸時代であれば、不定時法のほうが日本人には向いていたのかもしれない。複雑な歯車やネジで動く仕掛け、定刻になると音の鳴り響く時打ちや目覚ましの機能を面白く感じて、家康は西洋時計に触れたかもしれないが、時間を知る道具として西洋時計を採用することはなかった。当時の最先端技術が詰め込まれた贈り物を手にしても、家康は従来からあった時間の概念を変えようとはしなかったのだ。

「暴君」家康は演技だった?

少し横道にそれてしまったが、この時計の由来を調べていて、重要な秘密を探り当てた。それが最初に書いた、「スペイン人は家康を〝暴君〟と見た」という事実である。「暴君」家康というスペイン人の見方はなぜ、生まれたのだろうか。そんなことを考える歴史学者はいなかったようだから、これが重要な秘密かどうか、誰も考えずに放置してきた。

この謎を追い掛けていくと、びっくりするような事実が見えてきた。

家康はスペイン人たちの前で、あえてそのように振る舞い、噂が流れるように演出した。だから日本人には、まさしく家康は実直な苦労人タイプの将軍であり、「暴君」、つまり「暴れん坊将軍」のようなイメージは生まれなかったのである。

家康は、スペイン人たちに「暴君」としての強い印象を与えたかった。その結果、「暴君」家康を、スペイン人は忌み嫌ったのである。家康はそのような効果を期待して、

「暴君」として振る舞った、というのが私の推論である。

それでは、なぜ、家康はそんな行動に出たのだろう。

秀吉、スペインの侵略主義に激怒

まず、当時がどういう状況だったか、振り返ってみよう。

一五八七年六月、秀吉がバテレン追放令を発布、「キリシタン宣教師は二十日以内に日本から退去せよ」と命じた。九州に出兵した秀吉は、長崎などで武器を貯え武装した教会領が成立していたことに驚き、バテレン追放令を出した。「火薬一樽と五十人のうら若き日本女性を奴隷として交換している。その仲介をキリシタン宣教師が行っている」との報告に秀吉は激怒、日本女性の奴隷売買を即刻禁止するよう求めた、ともいう。

当時、秀吉には、ポルトガル、スペインによるキリスト布教が植民地化の前段階行動であることを察知できなかった。そのために、バテレン追放令は不徹底なものであり、日本への植民地化の動きがはっきりとするのは、九年後のことである。

一五九六年六月、サン・フェリペ号事件が起きる。土佐に漂着したスペイン船サン・

フェリペ号航海長フランシスコ・デ・サンダを調べると、サンダは「スペイン王はまず多数のフライヤーズ（フランシスコ会、ドミニコ会などの宣教師）を送り、キリシタンになった者と一緒になって相手の国王を倒し、広大な領土を支配してきた」と驚くべき証言をした。日本人はスペインの世界征服という野望とともに、日本に対する植民地化戦略をはっきりと知ることになった。

秀吉はサンダの証言に激怒する。同年十二月、見せしめとしてフランシスコ会宣教師、日本人信徒ら合わせて二十六人を逮捕、長崎の西坂で処刑した。キリスト教世界では「二十六聖人の殉教」と呼ばれるが、日本にとってはスペインへの宣戦布告のようなものである。サン・フェリペ号事件をきっかけに日本、スペイン間の国交が断絶される。

ただし、ポルトガルとの交易は認められていたし、宣教師らもバテレン追放令を無視して日本を訪れ、少なくとも長崎をはじめ教会領のあった九州は、ポルトガル・イエズス会の拠点としてにぎわっていた。

大胆な開国主義者だった家康

一五九八年八月に秀吉が亡くなると、家康は積極的にスペインとの外交政策を進めることになる。マニラからのスペイン船の寄港、対メキシコ貿易の開始、西洋帆船の技術者らの派遣をスペインに要請した。当時、家康は、スペインを友好国と考え、海外貿易を活発にして、海外から多くの技術を取り入れようと努めた。スペイン外交の拠点として、家康が開港した浦賀（当時は浦川と呼んでいた）は幕末になって、一躍、大きな注目を集める。アメリカの東インド艦隊を率いた海軍軍人ペリーの黒船が来航、幕府に大統領の親書を提出する。四百年前、家康が、浦賀を貿易拠点にしようとしたことは忘れ去られている。江戸に近い、浦賀がそのまま貿易拠点であったならば、あんな大騒ぎにはならなかったかもしれない。

家康は大胆に開国政策を推進する。と言うのは、家康は、秀吉が激怒した世界征服を企むスペインを友好国と考え、貿易を進めるために、イエズス会だけでなく、フランシスコ会などのキリシタン布教を許可、江戸での教会、慈善病院の建設を認める提案を行った。

この結果、秀吉が亡くなった一五九八年から一六一二年までの、家康が統治した最初の約十五年間、キリシタン宣教師の来日ラッシュとなり、キリシタン布教は日本で最盛期を迎えている。江戸、大坂、長崎などを中心に教会、修道院、病院を建設、イエズス会、フランシスコ会だけでなくドミニコ会、アウグスチノ会も進出した。「開国」を国是として、家康は一貫してキリシタン布教に寛大な姿勢をとり続けた。

植民地扱いのスペインとの協定

一六〇八年六月、家康は、旗本にまで取り立てた青い目のサムライ、ウイリアム・アダムス（三浦按針）をマニラに派遣、フィリピン総督ロドリゴ・デ・ビベロとの間で、スペインとの本格的な国交樹立に向けて、交渉に当たらせた。「関東の浦川を開港したので、そこに入港してほしい。悪天候などの場合には、日本のいかなる港への入港も自由である」と家康はスペイン船の誘致を提案している。さらに、「交易に伴い、新たに派遣される宣教師も厚遇する」として、家康は、あらためてキリスト布教を進めることを許可、スペインとの関係修復を重視した。

その翌年、一六〇九年七月、フィリピン総督の務めを終えたビベロが暴風雨で千葉県沖に漂着してしまう。家康は、大多喜城主の本多忠朝に指示して、ビベロら約三百二十人を救援するとともに、日本滞在に当たってさまざまな便宜を与えている。

十二月には、ビベロが駿府を訪れる。家康はビベロに対して再び、メキシコ、フィリピンとの交易とともに、宣教師の保護などを提案する。

その話し合いの中で、家康は日本での新鉱山の発見や鉱山技術の開発でスペインの協力を求めている。「メキシコには銀の精錬を行う鉱山技術者が数多くいるのを知っている。日本では数多くの鉱山があるが、鉱山技術が遅れているため、みすみす半分近くが失われている。ぜひ、フェリペ国王に依頼して五十人でも百人でも鉱山技術者を日本へ送ってほしい」と願い出ている。

これに対して、ビベロは「鉱山技術者を送る見返りとして、掘削から得た利益のうち、半分を鉱山技術者に、四分の一をスペインのフェリペ国王のものとし、残り四分の一を皇帝（家康）の取り分とする。また、技術者らのために聖堂及び教会を整備してほしい」などの条件を挙げた。四分の三がスペイン側の取り分という、まるで日本を植民地扱いした不平等な提案だったが、家康はビベロの申し出を了承している。

これとは別に、ビベロが強く求めた「オランダ人の追放」について、家康は「一年間は仮の協定を結んだので、その後考える」と答え、実際には「ノー」という意思表示をした。家康は、ビベロに対して四千ダカット相当という多額の銀を貸与するとともに、ウイリアム・アダムスが建造した百二十トンの西洋帆船を提供するという、大盤振る舞いの便宜供与を行っている。それだけ、「鉱山技術者の大量派遣」を求めたビベロへの期待が大きかったのである。

ポルトガル「黒船」との壮絶な海戦

ビベロの著書『日本見聞録』には、一六一〇年に起きた、キリシタン大名有馬晴信による、ポルトガル「黒船」への夜襲事件が登場する。

まず、マカオで、ポルトガル人が日本人水夫の一団を処刑する事件が起きている。その中に、家康が使節としてタイ(当時のシャム王国)に送った二人の人間が含まれていた。家康の使節は嵐に遭い、マカオに漂着したのだが、騒ぎを起こした他の日本人とともに処刑されてしまった。ポルトガルは報復を恐れて、定期便になっていた長崎との交易をしばらく止めていた。

騒ぎの沈静化を待って、ポルトガルの大型武装帆船マードレ・デ・デウス号が一六〇九年六月に長崎へ到着した。船長のアンドレス・ペッソアはマカオの前総督で、家康の使節二人の殺害を命じた張本人だった。家康はペッソアに対して、マカオでの使節処刑について説明を求めるため、長崎奉行を通じて、駿府城への登城を要請したが、ペッソアは無視し続けた。家康はペッソアが命令に従わなかったことに激怒した。

一六一〇年一月、家康は、肥前日野江四万石城主、有馬晴信（一五六七～一六一二）に、ペッソアの逮捕を命じた。晴信は、長崎湾に停泊していたポルトガルの黒船マードレ・デ・デウス号に乗り込むために、夜襲を掛けた。三十隻にも上る有馬軍の小舟は、大型の武装商船の攻撃に耐えられず、ほとんどがなすすべもなく沈没させられた。さらに、大量の小舟を繰り出して、三日三晩の攻撃が続いた。敵の船に乗り込みたくても、それがかなわず、有馬軍の死傷者のみが増え続けていた。

最終攻撃と決めた四日目夜。有馬軍の小舟から撃った火縄銃の弾が、ポルトガル人の手榴弾にたまたま命中、甲板にあった火薬の爆発を誘導した。積み込んでいたさまざまな商品に類焼、デウス号はたちまち炎に包まれた。ペッソア船長は、デウス号に積み込まれた二百トンもの絹製品とともに木っ端微塵に吹っ飛んでしまった。

日本の小舟による大集団が、ポルトガルの黒船焼き討ちに成功した瞬間だった。

「黒船」と言えば、幕末、開港を迫ったペリーのアメリカ艦隊を指すと教科書では教わってきたが、実は室町時代から、日本に来航した西洋の武装船を黒船と呼んでいる。特に、ポルトガルの武装船は黒船にふさわしい重装備であり、東洋の発展途上国、日本に対する武力の象徴だった。また、ポルトガルのイエズス会にとっては、布教を推進していくためになくてはならない強い後ろ盾だった。

その黒船を破壊したのだから、スペイン人のビベロは報告書で、家康が、ポルトガルとの交易を打ち切るだろうことを予測している。その背景には、スペインとの交易が確立されれば、家康はポルトガルを切り捨てるつもりだ、と書いている。一五八〇年にスペインはポルトガルを併合したが、海外ではスペイン、ポルトガルは同一ではなく、互いに激しく競合していた。

だからこそ、スペインにとっても家康の提案は都合の良いことだった。植民地扱いの不平等な提案を家康は承諾した。つまり、家康はスペインを友好国として位置付け、あらゆる便宜を与えてくれたのだ、とビベロは考えた。

ビベロは一六一〇年八月、約一年間の日本滞在後、田中勝介（生没年不詳）ら日本商人二十人らとともに、アダムス建造の西洋帆船に乗船して帰国する。家康に厚遇され、さまざまな日本文化に触れたビベロは、『日本見聞録』で、スペインは何としてもキリシタン布教を進め、キリシタン大名、キリシタン信徒を糾合《きゅうごう》して、日本を植民地化すべきだと主張している。鉱山技術者派遣での銀の取り分に関して家康と交わした条項は、スペインにとって大きな価値を持つと考えた。必ずスペイン国王に認められると、ビベロは確信していた。

スペイン国王は世界最強の支配者

ビベロの帰国から一年後、ビスカイノは金富島、銀富島探検という大きな使命を任されて、日本を訪れる。一六一一年七月、駿府城で家康に面会、まずは、偉大なる国王フェリペ二世の愛用した貴重な西洋時計などを家康に贈った。

その後、ビスカイノには、金富島、銀富島発見のために、日本近海を探索して海岸線を地図にする許可が与えられた。ここまでは、家康は非常に快くビスカイノに接していた。

ところが、この後ビスカイノは、半年前に日本が正式にオランダと通商条約を結んだことを非難した。この強い非難で、家康とビスカイノの関係は険悪になっていく。ビスカイノは、「オランダ人は、スペイン国王に楯突く反乱者」として、オランダ人の追放を厳しく求めた。

家康は、「オランダ人追放」にはっきりと首を横に振った。「日本がどこの国と関係を結ぼうとスペインとは関係はない」と答えたのである。

これに対してビスカイノは、「スペイン国王は世界最強の支配者であり、日本もスペイン国王に従ったほうがよいのでは」と傲慢な態度を示し、家康を威嚇《いかく》したのである。さらに、ビベロの日本征服計画に呼応するように「スペイン人宣教師が日本に自由に出入りできるようにしてほしい」と要求した。

家康は、「慎重に対応する」とのみ答えた。

この回答に、ビスカイノは腹を立てて、「スペイン国王は日本との貿易など歯牙《しが》にもかけていない」と公然と言い放った。「スペイン国王が望まれていることは、不滅の業火から異教徒の日本人を救うことであり、すべての異教徒が聖なるカトリック教を学び、救われることを望んでいる」と述べた。ビスカイノにとっては、交易よりも日本征服計画を見据えたカトリック布教が大きな目的だったのである。

ビスカイノの一方的な思い込みに、家康は、ついに怒りを爆発させた。「スペインで信じられている宗教は、我々のものとはまったく違う。日本では礼儀と誠実な交渉が尊重される。日本人は嘘偽りを口にしない」とビスカイノの態度を批判した。この言葉は、難破、漂着して無一文となったビベロらの帰国に対して出来うる限りの厚意を示したのに、スペイン側は何ら誠意ある答えを持参しなかったことを非難しているのだ。家康がスペインに求めたのは、マニラ、メキシコとの交易であり、何よりも鉱山技術者の派遣だった。スペイン宮廷の事情は分からないが、ビベロの奔走むなしく、スペイン側は日本への鉱山技術者派遣を見送ってしまったのだ。

布教は植民地化の戦略

ビスカイノら一行が退去した後、家康はアダムスに「ヨーロッパ人は、みなあのスペイン人のように威張っているのか？」と質問した。アダムスは「すべてのヨーロッパ人がそういうわけではない。大国ゆえにスペイン人は傲慢であり、気位が高く野心家で、全世界を制覇しようと企てている」と答えた。

「スペインでは、まずフランシスコ会などを、征服しようとする国に送り、できるだけ多くの人々をカトリックに改宗させ、改宗が十分に行われた頃、スペイン国王が軍隊を送り込む。改宗者に助けられて、国全体を一挙にスペイン王の支配下に置く戦略である」とサン・フェリペ号の航海長サンダと同じ説明した。このような戦略で、スペインはいまやヨーロッパ、アメリカ、アジアでも広い領土を植民地化した、とアダムスは断言した。家康は、秀吉時代のサン・フェリペ号事件をようやく思い出すことになったのである。

「オランダ人もイギリス人も、スペインの恐るべき戦略と戦ってきた。皇帝（家康）が許可を出した日本沿岸の地図作成は、イギリス国王ならば認めない。スペイン人たちが知りたいのは、どこの海岸が侵略軍の上陸に適しているかということだけなのだ」とアダムスは強調した。

家康は内心の驚きを抑え、「自分はスペインを恐れていない。仮に、スペインが攻めてきたとしても撃退できる」とようやく答えた。「ローマ法王とスペイン国王が地上最大の略奪者である」というアダムスの言葉から、日本へ大きな影響を与える重大事件だと、この時、ようやく悟った。ビスカイノに対し無条件に許可を与えて「開国」を推進する、というそれまでの姿勢に大きな変化が生まれたのだった。

駿府で起きた謎の岡本大八事件

そして、ビスカイノの駿府訪問に合わせたように、駿府のキリシタン信徒らの間で不審な動きが顕在化する。ビスカイノの宿泊先を、家康の側近、金山《きんざん》奉行大久保長安の次男、外記藤二郎《げきとうじろう》らが数度訪れている。ビスカイノは、「大久保外記藤二郎は素晴らしい勇気のある人物だ」と報告書で絶賛するが、どのような話し合いが持たれたのかは書かれていない。当然、秀吉が亡くなった後、家康の腹心となり、伊勢・伊賀三十二万石の大名藤堂高虎（一五五六〜一六三〇）配下の忍者たちが、ビスカイノの寄宿先に潜伏して、話し合いの中身を家康に報告したはずである。

一六一二年二月、岡本大八事件が起きる。

その事件が起きる二年前、一六一〇年一月、ポルトガル黒船との海戦で勝利した肥前日之江城主有馬晴信は、恩賞として有馬の旧領（肥前藤津《ふじつ》、彼杵《そのぎ》、杵島《きしま》の三郡）返却を強く望んだ。有馬は家康側近の一人、本多正純の配下で元長崎奉行所与力、岡本大八に恩賞斡旋を依頼した。ところが、有馬の恩賞は棚上げされたまま、斡旋を引き受けた岡本が有馬から銀六百枚もの賄賂を受け取っていたことが発覚する。

まず、有馬の訴えから、岡本が収賄罪で逮捕される。岡本は自らの収賄罪だけではなく、有馬が長崎奉行長谷川左兵衛を倒す計画を持っていたと自白する。さまざまな詮議が行われ、すべて事実だと認定される。その結果、岡本は火刑、有馬も流罪後に切腹となった。

岡本大八事件は謎に包まれている。

ポルトガル黒船への夜襲は、日本の粗末な小舟の大群が、黒船という強大な武装西洋帆船に立ち向かい、激しい海戦で大殊勲を挙げたのであり、有馬への恩賞は当然、期待通りのものになっておかしくなかった。有馬への恩賞に自信を持っていたからこそ、岡本も斡旋を引き受けたのだろう。ところが、有馬への恩賞について何ら議論はなく、岡本の収賄だけが発覚したのである。

最も考えられるのは、有馬、岡本の二人が熱心なキリシタンであったという事実である。家康配下の諜報機関は岡本の周囲を徹底的に調べていた。駿府在住のキリシタンの多くがビスカイノの寄宿先を訪ねてきたことを、ビスカイノは報告書に記している。その中に岡本がいたのかどうか不明だが、ビスカイノとの面会以降、家康がキリシタンに対して強い不信感を抱いたことだけは確かだ。

そして、家康はキリシタンの有馬、岡本の罪状を明らかにした後、この事件をきっかけにキリシタン弾圧へ百八十度、舵を転換するための理由にした。

日本に滞在していたビスカイノは報告書に、岡本大八事件とともにキリシタン弾圧を詳しく記している。「この事件でキリシタンたちは悲嘆に暮れ、恐れおののいた。キリシタンの保護を拒否する皇帝（家康）を悪魔が連れ去らない限り、日本でキリスト教が実を結ぶことはない」と、家康のキリシタン弾圧が始まったことを伝える。

さらに、「江戸のフランシスコ会教会、修道院が破壊されたが、再建に手を貸すキリシタン大名はいない」と、それまで順調だったキリシタン布教に思わぬ逆風が吹き荒れていることを嘆いている。

家康は「暴君」として、ビスカイノらの前で荒々しく振る舞うことを決めたのである。

一六一二年三月、岡本大八の処刑を機に、家康はキリシタン保護政策を全面的に中止、駿府、江戸、京都、長崎の直轄地、肥前の有馬領でキリスト教禁令に踏み切った。駿府の幕府役人にもキリシタンがいることが判明、武士十四人、奥女中三人を追放、さらに、ビスカイノが報告書に記したように、キリシタンに対する厳しい弾圧をスペイン側に見せつけていく。

日本の港もスペイン名に

時間を少し戻すが、一六一一年七月に駿府を訪れた後、ビスカイノは日本沿岸を測量しては、港名をスペイン名に変えて、日本征服を果たす日に思いを馳せる。

「小竹＝サンタ・マルガリータ」「月の浦＝サン・フェリペ港」「清水田＝サリナス港」などスペイン名がずらりと並び、「(この測量によって)我々の望む日本征服を前進させ、達成させることで、(スペイン)国王を迎え入れることができる」などと書かれたビスカイノの報告書を読んでみれば、スペインによる日本征服計画は着々と進められていたことが分かる。ビベロとの交渉で、鉱山技術者を送り込むことで四分の三もがスペイン側の取り分という植民地的な提案をいとも簡単に家康が呑んだことから、家康を御しやすく、与《くみ》しやすい統治者と甘く見ていたのかもしれない。

ビベロ、ビスカイノらは、日本へ大量の宣教師を送り込むことで、キリシタン大名、キリシタン信徒をさらに増やしていくことができ、それが、日本をスペインの属国とする最善、最短の方策と見ていた。

九州を中心に、有馬晴信、大村純忠、黒田長政、高山右近、内藤忠俊、蒲生氏郷らキリシタン大名は五十家を下らず、さらに、キリシタン信徒は少なくとも三十万人を超えていた。キリシタン大名、キリシタン信徒ら内部からの戦いを誘発させた上で、幕府転覆を一気に現実のものとし、スペイン、メキシコ、フィリピンなどから軍艦を派遣、日本征服を果たす計画を考えていた。

家康がスペインへの不信を抱いたのは、ビスカイノ使節団には、ただの一人の鉱山技術者もいなかったからである。屈辱的とも言えるビベロの提案を呑んでも、家康は鉱山技術者を欲していた。それが富国の良策だと信じたからである。

家康が求めた約束を果たさずに、宣教師の保護やオランダ人の追放などばかりを言うビスカイノに強い不信感を抱くのは無理もなかった。「日本人は嘘偽りを口にしない」

と家康はビスカイノに向かって述べている。「お前たちは信用できない」、そう言っているのに等しかった。家康はビスカイノに代表されるスペイン人との関係を断絶することを決心したのである。

そんな強い決心をしてスペイン人への見方を変えた最中、約二週間滞在した駿府のビスカイノを訪れた大久保外記らの動向を探っていくと、驚くべき事実が発覚する。家康はアダムスの主張するスペインの世界征服計画、幕府転覆計画が嘘でないことをつかんだのだ。しかし、その全貌は闇に包まれていた。とりあえず家康は、岡本大八らビスカイノの周辺で見られたスペイン、カトリック勢力の脅威をひとつずつ取り除くことを最優先で行動する。

熾烈を極めた大久保一族の処分

まずは、一六一二年三月二十一日、キリシタン岡本大八を安倍川原で火刑にする。

この日を境に、家康は駿府をはじめ徳川直轄領、肥前の有馬領でキリスト教禁令を下した。キリシタンの根絶やしに取り掛かったのである。家康は、いまそこにある最大の危機として、スペインによる日本征服計画を壊滅させるのに必死になり始めた。

一六一二年六月、家康は、金地院崇伝を通じて、ビスカイノへ新スペイン副王宛の親書を手渡している。そこには「日本は神と仏の国であり、そちらの国で信じられている教えは日本のものとは非常に異なる。その教えは我が国には無縁であり、人々を救うことにならない。その教えを広めることは思いとどまるべきであり、許可できない」とあり、これまでの容認姿勢を一変させ、日本でのキリスト教布教を否定したのである。

一六一二年夏、大久保長安が突然、中風で倒れる。言語障害が現れ、始終よだれを流す状態にまでなってしまう。長安の回復の見込みはなくなった。

一六一三年四月二十五日、長安が亡くなる。長安の死亡を聞いた家康は、すぐに駿府町奉行に長安宅の捜索を指示する。長安の陣屋を探索すると、金銀隠匿物など多額の不正蓄財が発覚する。すべての隠匿物を没収していくためにさらに調べていくと、屋敷の石櫃《せきひつ》から黒塗りの箱が発見されたのである。その中には、得体の知れない連判状があったという。

この連判状の発見によって、突然、葬儀すべてが中止させられた。十日後には、家康は金棺（まさしく黄金で出来た棺）に納められた長安の遺体をわざわざ安倍川原に運び、斬首してさらし首とした。

ビスカイノから絶賛された次男外記藤二郎をはじめとする、長安の遺児七人すべてが逮捕され、諸大名に預けられた。長安の家臣、腹心の手代は突然捕らえられ、獄につながれた。長男藤十郎三十七歳、次男外記藤二郎三十六歳、三男権之助三十歳、四男運十郎二十九歳、五男内膳藤五郎二十七歳、六男右京二十三歳、七男藤七郎十七歳はすべて預け先で即刻切腹させられた。さらに、近親者や長安の配下の者などすべて処刑、切腹、流罪などの処分が続いた。周囲には、長安の不正蓄財をただしたということになっていたが、家康の側近であり、幕府財政の基盤をつくった功労者、長安に対するにはあまりに苛烈な仕打ちだった。死者に鞭打つような、長安のさらし首は、これまでの家康にしては常軌を逸していると思われた。はっきりと見える形で「暴君」家康の姿がそこにあった。

幕府転覆計画の中心に伊達政宗

スペインの日本征服、それに呼応するキリシタン信徒による幕府転覆計画の全貌が明らかになったとしか考えられない。

大久保長安事件から八十年近くもたった一六九〇（元禄三）年、日本を訪れたドイツ人医師エンゲルベルト・ケンペルが『日本誌』で、この時の幕府転覆計画について書いている。

大久保長安がスペインからの軍隊派遣を要請、家康の六男松平忠輝を総大将に、連判状に名を連ねたキリシタン大名らが総決起するというものだった。ビベロらの描いたシナリオと同じである。その計画を事前に察知、さらに連判状によって証拠を発見、激怒した家康が長安一族ら関係者を抹殺してしまったのである。

ケンペル『日本誌』では、オランダ船が拿捕《だほ》したポルトガル船から、スペインに支援を求めた忠輝、長安らの幕府転覆を記した連判状が発見されたことになっている。驚くことに、一六一四年一月の全国キリスト教禁令直後、スペイン、ポルトガルを敵とみなした家康は、イギリス船、オランダ船に、朱印状を持たないスペイン船、ポルトガル船の貨物を分捕る許可を出しているのだ。

大久保長安とともに、幕府転覆計画の中心にいたのは、東北の有力大名、仙台藩の伊達政宗（一五六七〜一六三六）だった。

政宗はなぜ、幕府転覆計画に加担することになったのだろうか。

一六〇六年、政宗の長女五郎八《いろは》姫と家康の六男忠輝（一五九二〜一六八三）が結婚している。長安が政宗に近づき、忠輝、五郎八姫との婚姻を進めたとされる。さらに、一六一〇年から忠輝が越後高田藩七十五万石の藩主となると、長安は、忠輝の附家老《つきがろう》（将軍家の血統者が大名となる場合、将軍家より直接命令を受けて後見人となる家老）として、さらに強い関係と絶大の権限を握った。長安の六男右京は、忠輝の家老の娘を妻に娶り、越後高田藩に入った。政宗、忠輝、長安による「鉄の三角関係」が築かれていた。

ほぼ同じ頃、スペインとの関係も築かれている。一六一〇年初め、政宗はフランシスコ会の有力な宣教師ルイス・ソテロ（一五七四〜一六二四）の知遇を得る。

ソテロの紹介したフランシスコ会宣教師の医師が政宗の愛妾の病気を治した礼に金銀などを贈ろうとしたが、ソテロは「宣教師は利益のためではなく、愛のために治療するのだ」と言って、贈り物を受け取らなかった。このことをきっかけに、政宗の愛妾、長女五郎八姫らがキリシタンの洗礼を受けたとされる。ソテロは政宗の信頼を勝ち取り、親しいつき合いを始めた政宗に大国スペインの強大な力を吹き込んでいった。政宗は、ローマ法王の支配するカトリック世界へ傾倒していく。

当時、七十歳の家康に対して、政宗は四十六歳でまだまだ鋭気盛んな年齢であった。ソテロは政宗だけでなく、忠輝、長安とも厚い信頼を築いていく。ビスカイノは、ソテロの紹介で政宗と面会した。ソテロ、ビスカイノらの働き掛けで、政宗はキリシタンへの支援を決める。ビスカイノに金銭面の支援だけでなく、仙台藩領の港湾測量なども許可する。その後、支倉常長の使節団派遣などが決まっていくのである。

伊達政宗の婿、家康の六男松平忠輝がポルトガル語をしゃべることができ、南蛮への関心を高く持っていたことから、ソテロは忠輝を「南蛮人の希望の星」と呼び、政宗とともに幕府転覆計画の首謀者に祭り上げたのである。「東北の王・政宗がキリシタンとなり、三十万人信徒とともに幕府を攻撃すれば、スペインは日本を征服できる」というスペインの野望を、ソテロは何度もマドリッド宮廷の有力者宛に書いている。家康を嫌ったビスカイノも政宗へ大きな期待を掛けた。

毒薬？で亡くなった家康

大久保石見守《いわみのかみ》長安（一五四五〜一六一三）は甲斐の武田が滅びた後、家康に仕えた。石見、佐渡、伊豆などの金銀山開発に貢献して、家康を「世界一の大金持ち」にならしめた金山奉行である。長安が金山奉行になると、甲州流の鉱山技術によって、金銀の産出量はそれまでの数倍、数十倍に急増した。家康の巨額な金銀を収蔵した伏見城の一室はその重量のために、底が抜けた、とまで言われている。家康の信任が厚く、側近中の側近にまで登り詰めていた。忠輝との強い結び付きからカトリック勢力との関係が生まれていく。長安はスペイン経由の「アマルガム法」と呼ばれる銀の精錬技術を手に入れ、幕府転覆のための軍資金を集めたとされる。

岡本大八事件を契機に、長安のもとに、幕府転覆計画の軍資金となる莫大な隠し財産が存在することが発覚する。家康はまず、岡本大八事件をきっかけにキリシタン大名、キリシタン信徒へ徹底的な弾圧を始め、さらに、幕府転覆計画の中心にいた長安を排除することを決めたのである。

家康は一六一二年七月に長安を見舞い、高価な漢方薬「烏犀円《うさいえん》」を与えた。烏犀円は犀の黒角、牛黄、烏蛇、朱砂などを調合した中風薬として知られる。他の成分はいざ知らず、朱砂とは硫化水銀であり、処方によって毒薬にも十分なりえた。

スペインの宣教師オルファーネルは『日本キリシタン教会史』で次のように書いている。

多年、悪事に満ちた内府（家康）が亡くなり、救いなき地獄へ天罰を受けに行ったのは、救いが与えられた時にも受けようとしなかったからである。内府は自ら多数の人々を殺害した方法、すなわち、毒薬によって悲惨な最期を遂げたのである。

スペインの宣教師たちは、家康が毒薬を誤用して亡くなった、と信じていたようである。

家康の死因について毒薬誤用説が正しいのかどうか分からないが、家康が、薬の処方に強い関心を持っていたのは事実である。

久能山東照宮博物館には、「朝鮮版和剤局方」、「青磁鉢　乳頭二本（薬を粉末にする先が丸い道具）」、「びいどろ薬壺」、「薬刻小刀」（いずれも重要文化財）など家康愛用の薬道具すべてが揃っている。

だからと言って、スペイン側資料にあるような、家康が「多数の人々を毒殺した」事実は明らかにされていない。もし、毒殺を試みたのが事実であったとしても、その中に長安が含まれていたのかどうかは、全く分かっていない。ただ、岡本大八事件が起きた頃には、大久保長安が幕府転覆計画の首謀者であることを、家康はほぼ知っていたはずである。家康が烏犀円を与えた後、長安に回復の見込みはなくなり、翌年四月に亡くなる。

世界で最も邪悪な民——日本人

大久保長安一族粛清の嵐が吹き荒れた半年後、一六一三年十月、ビスカイノは日本を離れるのだが、大久保長安事件について報告書には何も記していない。

さらし首にされた長安一族だけが罪を被り、政宗はじめ他には連座は及んでいない。それどころか、政宗がメキシコ貿易を望むと、幕府船奉行向井忠勝（大久保長安同様に武田の元家臣）を派遣、五百トンという日本最大の大型西洋帆船を造船させている。この船に、ビスカイノが乗船、さらに、支倉常長らの遣欧使節団が乗り込み、新スペイン（メキシコ）へ赴くのだ。

家康所用の「青磁鉢と乳頭」（国の重要文化財）

家康所用の「びいどろ薬壺」（国の重要文化財）

スペインへ日本の造船技術の高さを見せつけるとともに、新しい西洋帆船建造で政宗から財力の多くをはき出させるほうが、家康には都合が良かったようだ。ビスカイノは何度も家康に謁見を望むが、家康は二度とビスカイノに会おうとはしなかった。家康を嫌ったビスカイノは、逆に家康にとことん嫌われたのである。家康からの援助は得られず、日本で売るために持ち込んだ商品は売却できずに、食べる物にさえ困っていった。ビスカイノは一刻でも早く、メキシコへ戻りたい、と願った。

日本を離れるビスカイノ報告書は、このような一文で終わっている。「日本人というのは世界中で最も邪悪な民である。彼らを相手に大変な苦労をさせられた」。この日本人がまさしく、「暴君」家康を指すのは間違いない。

一六一四年一月、家康は直轄地だけでなく、全国にキリスト教禁令を発布した。イエズス会、フランシスコ会などの国外追放を命じて、従わない者は火刑に処すことを告げたのである。禁教令は日本人信徒も対象であり、江戸、大坂では教会、修道院はすべて撤去されたが、イエズス会の本拠地長崎だけはそのままにされ、逃げ場を与えた。

ポルトガルへ大打撃を与えた有馬晴信を、キリシタン大名ということだけで見せしめにした後、徹底的にキリシタン大名へ介入、従わなければ改易、高山右近らを国外追放していく。

その三カ月前、ビスカイノとともに、スペインへ遣欧使節団を送ったばかりの伊達政宗は、派遣したキリシタン支倉常長らを切り捨てることで、家康の禁教令に従った。岡本大八事件に続く、盟友大久保長安の一族抹殺で、政宗の戦う意欲は完全に削がれていた。仙台藩を守ることで精一杯だったのだ。政宗は家康のご機嫌うかがいに頻繁に駿府城を訪れている。

「日の沈まぬ国」からの贈り物

家康は、黒船マードレ・デ・デウス号事件を契機にポルトガルとの関係を断った後、スペインを友好国と考え、交易の中心をスペインに求めた。しかし、その間に情勢は大きく変わっていた。一六〇九年にオランダと、さらに、一六一三年にはイギリスとも通商関係を結んでいる。スペインの敵、オランダ、イギリスと通商関係を結ぶことで、家康はスペイン、ポルトガルというカトリック勢力との関係を断つことにためらいはなかった。

オランダ、イギリスはカトリックを信奉する国ではなく、カトリック勢力に敵対するプロテスタント国であり、布教活動ではなく、ビジネスのみで日本とつき合うことを望んだのである。家康は何度も、スペインにカトリック布教を切り離して、通商関係のみを結ぼうと提案していたが、スペイン側は聞く耳を持たなかった。

一六一三年九月、駿府を訪れたイギリス王ジェームズ一世の使節団ジョン・サーリスの通商を望む請願状には、ビスカイノのように布教、信仰での要求はひとつもなかった。家康はサーリスの七項目にわたる請願をすべて認め、治外法権という特権さえ与えている。そこには、「暴君」家康の姿はいささかも見られない。

スペイン国王が家康に贈ったとされる西洋時計を、久能山東照宮を訪れてご覧になってほしい（口絵ⅱページ）。

世界征服を夢見た「日の沈まぬ国」スペインの絶頂期、一五八一年に製作された貴重な時計である。その時計をつくらせたフェリペ二世（一五二七〜一五九八）の名前は、現在も、スペインの植民地だったフィリピンという国名に残っている。

一五八八年、イギリスへの侵略を企てた、大国スペインの無敵艦隊が新興の島国イギリスの寄せ集め艦隊に撃破されるという大事件が起きる。この事件を境に、十七世紀後半、スペインの没落が音を立てて始まっていく。スペインでは、イギリスのエリザベス女王（一五三三～一六〇三）を、カトリックの敵、プロテスタントと手を組んだ悪の権化、海賊や盗人の親玉のように騒ぎ立ててきた。だからこそ、スペインの勢力を日本から一掃しようとした家康は、まさに異教徒にとって「暴君」そのものだったのである。カトリック宣教師たちは胸の内に秘めていたが、ビスカイノが面と向かって、家康に言い放ったように、当時のスペイン国王は「世界最強の支配者」であることに間違いなかった。一六一四年一月のキリスト教禁教令で、家康は「世界最強の支配者」スペイン国王と徹底的に戦うことを宣言した。

まさに、西洋時計を持参したビスカイノとの対立によって、「暴君」家康は、日本を植民地化するというスペインの野望をくじくことに懸命になったのである。その記念すべき西洋時計をご覧になり、日本人にはあまり知られていない「暴君」家康の姿に思いを馳せてほしい。

第二章　腹黒

家康の真っ黒で地味な甲冑

「家康は腹黒かった」

「腹黒」とは家康を嫌う多くの人たちが使う、家康の〝代名詞〟とも言える。

表面的には誠実を装っているが、実は打算的で、平気で裏切ることができ、相手の足をすくおうとしている人、こんな心根が曲がっている人たちを「腹黒」と呼んでいる。

家康の優秀なブレーンだった、金地院崇伝、天海《てんかい》らは「黒衣の宰相」と呼ばれた。「黒衣の宰相」とは僧侶で政治を左右した人のことだが、仏門に帰依する僧侶が政治に関わるのだから、一筋縄ではないだろう。わざわざ、彼らを「黒衣の宰相」と呼ぶ時にも、当然「腹黒」の意味合いを含んでいる。

「腹黒」、すなわち、真っ黒い腹とはどんなものか。本当にそんな腹があるならば、のぞいてみたい気がする。まあ、そんな希望をお持ちなら、久能山東照宮博物館に来ていただきたい。「腹黒」のほんの一部、狸おやじのしっぽを垣間見ることができる。

と言うのは、家康着用の真っ黒な甲冑、歯朶具足《しだぐそく》がそこにあるからだ。大黒頭巾形《だいこくずきんなり》の兜に、黒漆塗りの地、黒糸威《おどし》した黒造りの胴丸を備えた甲冑で、腹を含めて、全身が黒ずくめである（口絵ⅲページ）。

特に、大黒頭巾形兜は、あのふくよかな大黒様がかぶっている円形で低く、周囲が膨れ出た頭巾の形をしている。よく、大金持ちの××長者と呼ばれるじいさんが、大黒頭巾をかぶって昔話などに登場する。成功者の象徴みたいに見えるからか、何か、とてもいやみな感じがする。大黒頭巾だけでも、「腹黒」の雰囲気を十分にたたえている。狸おやじのしっぽとも言える歯朶具足を見れば、家康の「腹黒」を堪能できる。

嫌・家康派の戦国武将ファンらは、この甲冑を歯朶具足ではなく、〝腹黒具足〟と呼んでいる。

大黒頭巾形兜には、鮮やかな金色の歯朶の葉をデザインした前立《まえだて》が正面に付くことに

実用性重視という家康所用の大黒頭巾形兜

なっているが、装着させる附属部品がないから、家康は真っ黒な大黒頭巾形兜のみを着用したのだろう。
　前立の金の弦月がトレードマークとなっている伊達政宗、NHK大河ドラマで話題になった愛の字を模した直江兼続《かねつぐ》ら戦国武将の兜は派手で個性的である。それに比べて、真っ黒に統一され、地味で、実用性重視という、おもしろみのない兜が大黒頭巾形兜である。

大黒頭巾形兜は悪の象徴？

しかし、この大黒頭巾形兜が注目を集めるのは、家康が関ヶ原の戦い、大坂の陣で着用して戦ったことにある。特に、大坂の陣では、大黒頭巾形兜をかぶった家康が高みの見物で、圧倒的な勝利を収めた。どうも、家康の「腹黒」という代名詞は、豊臣家を滅ぼした大坂の陣に端を発しているようだ。

大坂の陣で圧倒的な勝利を収めた家康に、まさしく「腹黒」というレッテルが貼られるのだ。

明治以降、太閤秀吉の遺児秀頼を守る真田幸村（一五六七～一六一五）、配下の忍者猿飛佐助、霧隠才蔵、三好青海入道ら真田十勇士の「正義の味方」が、「悪の権化」家康を敵にして戦う物語が講談、文庫、映画、テレビドラマ、漫画などさまざまな分野で伝えられた。その物語の世界で、多くの日本人に、「腹黒」家康というマイナスイメージが盛んに吹き込まれたのである。悲劇の敗者に同情する、判官《ほうがん》びいきという、日本の伝統が大いに影響しているかもしれないが、狸おやじというよりも狸じじい家康の演じる悪役ぶりは圧倒的な迫力にあふれていた。

「悪の権化」家康は久能山東照宮に納められている大黒頭巾形兜をかぶり、「正義の味方」真田十勇士らと戦い、映画や漫画などにしばしば登場した。戦国武将ファンたちが〝腹黒具足〟と名付けるのもやむをえない。

まあ、とにかく、大黒頭巾形兜は「腹黒」家康を知る上では、必見である。

日本一の「京都の大仏」建立へ

ところで、「腹黒」家康が生まれたきっかけとなる事件が、一六一二年に起きている。この年の秋、駿府城にいた家康は、太閤秀吉の悲願だった「大仏開眼及び堂供養」の中止を命じた。これが、大坂城の淀君、秀頼母子の豊臣方と全面戦争となるきっかけである。二年後の一六一四年大坂冬の陣、一六一五年夏の陣につながり、家康は豊臣家を滅ぼしている。多くの歴史学者が、大坂の陣を必要のない、無理な戦いと位置付け、「家康は腹黒かった」という評判だけが残り、家康にとって人生最大の失敗だった、と指摘している。

本当に、大坂の陣は、家康にとって人生最大の失敗だったのか。まずは、「大仏開眼及び堂供養」中止にいたる経過を見てみよう。

日本史教科書では「方広寺鐘銘事件《ほうこうじしょうめい》」と書かれている。

この事件は、家康が方広寺鐘銘に難癖《なんくせ》をつけて大仏開眼及び堂供養を中止させ、大坂城の淀君、秀頼を挑発したため、豊臣方がやむなく蜂起して、大坂冬の陣に発展した、と説明されている。

大坂城の淀君、秀頼が家康に怒ったのは、突然、大仏開眼及び堂供養の中止を命じられたことであり、方広寺鐘銘事件そのものではない。太閤秀吉の悲願だった「大仏開眼及び堂供養」が行われれば、何ら問題はなかった。秀吉の悲願を受け継ぎ、豊臣方が進めていた「大仏開眼及び堂供養」も現在では、非常に分かりにくい。肝心の大仏は残っていないし、堂そのものも創建当時のものではないからだ。堂供養の堂が方広寺であり、方広寺大仏殿なのである。

派手好みの秀吉は、奈良の大仏、鎌倉の大仏よりもさらに大きなスケールの、日本一の大仏を京都につくることを計画した。絶大の権力を誇った秀吉は、二度の朝鮮出兵と同じくらいの熱意で、奈良の大仏が鎮座する東大寺より、はるかに大きな方広寺（大仏殿）をつくり、そこに、京都の大仏を鎮座させたかったのだ。一五八八年の刀狩りでは大仏建立に使うために全国から鉄や青銅などを集めた、と言われている。しかし、秀吉はその派手な願いをかなえることができずに、亡くなってしまう。

その後、豊臣方は天下分け目の関ヶ原の戦いに敗れ、徳川に政権は移る。悲願だった大仏建立という秀吉の遺志は、何とか受け継がれていく。大坂城の秀頼は、太閤恩顧の大名を通じて、何度か家康に大仏建立の再開を願っている。

一六〇八年、とうとう家康は「京都の大仏」建立再開の許可を出した。

そして、一六一二年夏、天下の英雄だった秀吉をたたえ、豊臣の威光を見せつける大事業が完成したのである。京都の大仏は、奈良の大仏を三メートルは上回る、約十八メートルという驚くほどの大きさであった。さらに、大仏が鎮座する方広寺という、大坂城天守閣より大きな、高さ約二十三メートルの大規模な建造物が京都にでき上がった。

当時、京、大坂の人々を驚かせた巨大な大仏、大仏殿（方広寺）建造は、太閤秀吉の権威を象徴し、再び豊臣家の威信を知らしめる世紀の大事業だった。

「腹黒」家康が大仏開眼を中止

奇跡的な大きさの大仏、その大仏が鎮座する建物がお目見えしたのであり、一番重要な「大仏開眼」というめでたい行事は豊臣家にとって、世紀の晴れ舞台である。その大仏開眼の行事を、家康は「中止！」の鶴のひと声で、台無しにしてしまった。これでは、関ヶ原の戦いで敗れたとはいえ、豊臣家は、家康から一方的、屈辱的な喧嘩を売られたと感じても仕方ないだろう。

家康が「中止」命令を出したのは、方広寺鐘銘の内容が理由となっている。本当に、「中止」命令を発するほどの問題を含んでいたのか。残念ながら、ほとんどすべての歴史書には、家康が戦いを仕掛けるための難癖だった、と書かれている。

大仏完成を祝って刻まれた方広寺鐘銘には、「洛陽の東麓　舎那《しゃな》の道場」で始まる長々とした漢詩が彫られている。家康が問題としたのは、末尾の部分である。「庶幾《そき》（こいねがう）所は、国家安康《こっかあんこう》、四海施化《しかいせけ》、万歳伝芳《ばんざいでんぽう》、君臣豊楽《くんしんほうらく》、子孫殷昌《しそんいんしょう》……」。

私が学んだ日本史授業では、「国家安康」には家康の名前が隠されている、と教えられた。家康の名前の間に、「安」の一字を入れて分断してしまった。恐れ多くも家康の名前を真ん中で離ればなれにしてしまうのは、家康の首をはねることに等しいほど不吉なことであり、徳川家の没落を暗に願っている、と家康側はいちゃもんを付けたのだ。

「国家安康」とは、国家の無事、安泰を願う意味なのに、よくも、そんなこじつけ、いちゃもんが付けられるものかと、感心した記憶がある。

家康の難癖について、ほとんどの人が、ささいなことに因縁を付けて金を巻き上げる、あくどい暴力団のようなやり方という感想を持ったはずである。

「家康は本当にひどい奴だな」

日本人の大半がそんなふうに考えたはずである。「家康は腹黒かった」という悪評が生まれたのも納得するしかない。これでは、家康を擁護することは到底できない。日本人すべてを敵に回すような、おかしな屁理屈で戦争を仕掛けたのが家康なのである。

「国家安康」に隠された真意

しかし、本当にそうなのだろうか？

第一章「暴君」家康を調べた時も、ほとんど常識のように言われている事柄の裏があり、真実はどこにあるのか分からないことが多かった。歴史は確固とした事実のみの世界が伝えられているのではなく、わたしたちが生きている、嘘や虚飾にまみれた現実世界と同様に、嘘や虚飾はもちろん、単なる勘違いだけでなく、もっと積極的に世論操作をする、誰かの意図が強く働いている場合も多いのだ。

調べていくと、「国家安康」の四文字に、家康が分断されている云々ではなく、一般には、よく理解できない事実がそこに隠されていた。

多くの歴史書を調べても、そのことが詳しく書かれていない。多分、方広寺鐘銘事件、大坂の陣も歴史事実としてあったことなのだから、その細部はそれほど重要ではない、と考えている人が多いのだろう。

日本では、分かりやすく、簡単に理解しやすいほうが素晴らしいという、テレビ番組の発想が根付いてしまっている。「水戸黄門」や「半沢直樹」といった善人、悪人の区別がつきやすく、単純、明快なストーリーを提供する、一時間ドラマは「面白い」と非常に好まれる。複雑な人間模様、説明ばかりの面倒くさいストーリーは分かりにくく、敬遠される。単純、明快な「面白い」番組ばかり見ているから、ちょっと面倒な話になると、誰も見向きもしない。

そのちょっとだけでなく、非常に面倒な「国家安康」について、丹念に、関係ありそうなさまざまな書籍で探し出してきて、一つずつ確認した。そしてようやく、「国家安康」の真の意味が見えてきたのだ。

まず、方広寺鐘銘を書いたのは、太閤秀吉と生涯、苦楽をともにした、戦国武将加藤清正（一五六二〜一六一一）の配下、南禅寺僧侶の清韓文英《せいかんぶんえい》（生年不詳〜一六二一）だった。当然、家康との付き合いはなく、太閤秀吉への思い入れが非常に強く、それだけに、淀君、秀頼に対して強い共感を持っていた。さらに、清韓は朝鮮、明の漢語によく通じた秀才ということで、方広寺鐘銘の担当者に選ばれた。

「国家安康」が問題にされると、清韓は、秀頼の後見人で、加藤清正同様に賤ヶ岳《しずがたけ》七本槍の一人、片桐且元《かたぎりかつもと》（一五五六〜一六一五）とともに駿府に弁明にやって来る。

明治の文豪、坪内逍遥がつくった歌舞伎「桐一葉《きりひとは》」では、豊臣方から裏切り者と見なされた主人公片桐且元の苦悩、大坂の陣が避けられない豊臣家の悲劇が描かれている。家康は、「古狸」「腹黒」などとして、大坂城の人物たちの会話に出てくるだけであり、当然、面倒な説明が必要な「国家安康」の問題は登場しない。

家康は「諱」であるという事実

「国家安康」の話に戻ろう。

駿府に呼ばれた清韓は、「国家安康」の一文に、家康の名前を用いたことをはっきりと認めている。

「国家安康の中に、家康公の名前を隠して入れてありますが、これは、縁語と言って、縁起の良い言葉を隠し入れることであり、中国では珍しくなく、批判を受けるものではありません。中国古今の縁語の例はたくさんあります」。清韓はとうとう説明した。清韓は「家康」を鐘銘に入れた確信犯であり、そんなことを問題にするのは、逆に教養のないことだと言っている。

ところが、駿府の大学者（崇伝、天海、林羅山）が問題にしたのは、「家康」の名前が分断されて、隠されているということではなかった。

「家康」という名前を鐘銘に使うこと自体が問題だ、と強く批判した。

家康の名前がなぜ、入ってはいけないか。これが複雑、面倒な話になるのだ。

「家康は諱《いみな》である」と駿府の大学者たちは指摘した。諱とは死後に使う生前の実名のことである。「諱を鐘銘のようなめでたい一文に入れるべきではない」と駿府側は主張した。

これは本当に分かりにくい。現在、家康、家康と平気で使っているのに、家康の生きていた時代、「家康＝諱」であり、家康という呼び名は一般には使われなかった、という説明になる。

「本当に、本当そうだろうか？」という疑問が生まれるのは当然だろう。

わたしたちは現在、家康とふつうに呼ぶのだが、家康の生きていた時代には、そんな呼び方はしなかった。一般の人たちは「徳川さま」、近しい人々は「内府殿（内大臣）」という官名で呼んでいた。第一章で紹介したスペインの報告書、見聞記などでも、「家康」と呼んでいるものはなく、「内府」という官名のほか、「皇帝（エンペラー）」と呼ぶものがほとんどである。

光圀も政宗も玄奘も「諱」

いまの時代、この説明は非常に分かりにくく、本当に難しい。

「家康」が「諱」であるならば、縁起の良い縁語ではなく、「諱」をわざわざ使って鐘銘に入れるのは縁起が良いどころか不吉であり、「許されざる無礼なことだ」と駿府側は主張、清韓を糾弾したのである。

江戸時代までは、「諱」は亡くなった後に使う名前と決められていた。

時代劇ドラマ「水戸黄門」の助さん、格さんが葵紋の印籠を高々と上げて、「こちらにおわすをどなたと心得る。先の副将軍、水戸光圀《みつくに》公であらせられるぞ」という名セリフの中にある、「光圀」も諱であり、実際には、家臣が光圀と呼ぶなどもってのほかだった。伊達政宗の「政宗」も生前は使われていない。その代わりに呼び名として、字《あざな》の藤次郎、官名の陸奥守で呼んだ。政宗の場合、異名として「独眼竜」とも呼ばれたが、「独眼竜政宗」は間違いである。当然、一般の人たちは「伊達さま」である。

中国でも同じで、『西遊記』に登場する三蔵法師玄奘の「玄奘」も死後になって、初めて使われている。生前は、三蔵法師としか呼ばれていない。

つまり、わたしたちが平気で使う徳川家康も水戸光圀も伊達政宗も、彼らが生きていた時代には、同時代人はそう呼んではならないきまりだった、というのである。

もっと複雑にしているのは、例外的に、生存中に「諱」を朝廷や正式な外交文書で使っていたことである。朱印状や通商の覚書に「源家康」の署名あるいは、「源家康」と記された朱印が押されている。確かに、「家康」の名前が出てくる文書はすべて「源家康」になっている。また、伊達政宗がスペインに送った書簡では、伊達陸奥守の花押《かおう》、政宗の署名と朱印が押されている。これが、当時の慣習なのだが、このような家康、政宗の使い方を現在の人が理解するのは、あまりに難しい。

いずれにしても、鐘銘に漢詩をつくり、死後に使われる名前「諱」でわざわざ呼ぶのは、悪意のある場合のみであり、明らかに、「家康め！　死ね」という意図を含んでいることになる。だから、駿府側は激怒したのである。

最終決着をつけたかった豊臣方

うーん。これもやはりこじつけだろうか。

そもそも弁明を行った清韓は、そんなことを知らなかったのか。多分、崇伝、天海らと並ぶであろう、博識の清韓だろうから、家康は「諱」であること、その使い方を知らないはずはない。当然、清韓は、中国では鐘銘にわざわざ「諱」を使う例があると述べている。しかし、駿府側は、「縁語」とは違い、「諱」の例外的な使い方は受け入れられない、と突っぱねた。

なぜ、清韓はそんな危ない橋を渡ろうとしたのか。清韓には、確信犯のにおいがぷんぶんしている。

と言うのも、「国家安康」の後に出てくる「君臣豊楽、子孫殷昌」という文言は、豊太閤を尊び、豊臣家の子孫の繁栄を願うという意味で使ったことも認めている。それなのに、ここには、秀頼の「諱」は使っていなかった。

実際に、清韓は豊臣秀吉への恩顧を強く感じ、徳川家康への恩義は一切なかった。「豊臣家の繁栄を願う鐘銘なのだから、このような漢詩になるのは当然だろう」という意識が、清韓には強かった。駿府の大学者たちも、豊臣家の繁栄を願うことを非難しているわけではなかった。

「奈良の大仏」建立から約九百年後の国家的な一大宗教行事であり、当初、駿府側は大坂の豊臣家に「奈良の大仏」と同様の鐘銘を、そのまま「京都の大仏」にも使うように指示していた。しかし、豊臣家の繁栄を願う清韓が、その意図を盛り込んだ鐘銘を勝手につくってしまった。たとえそうであっても、「縁語」であれ、「諱」になってしまう「家康」をわざわざ使うなど、問題になるようなことをしなければよかったのだ。

さらに、方広寺で陣頭指揮をした幕府大工棟梁、中井大和守正清の名前が棟札に記されていないことも明らかになったのだ。

家康の京都での居城・二条城を完成させて以後、正清の活躍は目覚ましく、伏見城、知恩院、江戸城、増上寺、駿府城など家康に関わる重要な城、寺社の建築に当たっている。武士ではない大工棟梁の正清を、家康は高く評価、「大和守」の受領名を贈り、従五位下という昇殿を許される貴族の地位まで授けている。当然、「正清」は諱であり、「中井大和」という受領名で一般には呼ばれた。わざわざ、家康の信任の厚い「中井大和」を無視したのにも強い悪意が感じられた。これだけを見ても、大坂の豊臣側が駿府にけんかを売った、と言ってもおかしくなかった。

駿府及び京都五山（東福寺、天竜寺、南禅寺、相国寺、建仁寺）は、諱の家康を使うのは常識外れであり、その内容は「大仏開眼供養そのものが関東の徳川家を調伏《ちょうぶく》することになる」と結論した。仏教で「調伏」と言えば、法を念じて怨敵を降伏させることである。

これでは、家康は大仏開眼及び堂供養の「中止」を命じざるをえなかった。

ただこの後家康は、方広寺鐘銘問題については清韓一人の責任であり、豊臣家の責任を不問にした。家康は、豊臣側と一戦交えるような処分を下したわけではないのだ。

これで、一件落着のはずだった。すぐにその部分を削って、奈良の大仏の鐘銘と同じにしてしまえば、問題にならなかったはずである。ところが、大坂では、家康の真意を測りかねたのか、ぐずぐずと時間つぶしに入ってしまった。

どうもこの辺りまで来ると、豊臣側は、徳川と最終決着をつけなければ収まらない、という空気に包まれていたとしか思えない。方広寺鐘銘問題をきっかけに宣戦布告するかどうか、迷いに迷っている様子がうかがえる。

六十五万石大名に転落した豊臣家

一五九八年に秀吉が亡くなった後、一六〇〇年、天下分け目の関ヶ原の戦いで徳川、豊臣の決着がつけられたはずだった。勝利した家康は一六〇三年、征夷大将軍となって、江戸幕府を開いた。ここで豊臣時代は終わっている。亡くなった太閤秀吉の威光があったとしても、豊臣家は六十五万石の一大名に転落したのである。

一六〇五年には、徳川時代の万全を期して、二代秀忠に将軍職を譲り、家康は駿府に移って、外交、貿易、金融、財政などの実権を握った。秀忠には全国三百諸藩を完全に掌握するよう促し、役割分担をはっきりとさせる二元政治がスタートしている。各大名とも駿府、江戸へあいさつに訪れ、妻や母親などを人質として江戸に置いたのである。

ところが淀君、秀頼は、ただの一度も大坂城から出ようとはしなかった。いずれ、天下の実権が豊臣家に戻ると考えたのか、関ヶ原の戦い以降も豊臣時代が終わったことを自覚できなかったようだ。

一六一二年七月に大仏開眼及び堂供養が中止になってから、一六一四年八月まで約二年間、事態の収束は図られずに、もたもたとした状態が続くことになる。

ところで、方広寺鐘銘事件には、一六一二年七月京都の大仏の完成、その直後、大仏開眼の中止命令が下ったという説、一六一四年七月方広寺鐘銘事件が発覚、大坂冬の陣が始まったという二つの説がある。わたしは一六一二年大仏完成と同時に、大仏開眼供養のごたごたが始まったという説を採る。大仏完成から開眼まで二年間もの空白が説明できないからだ。

ダイブツに驚くスペイン人

千葉県の岩和田海岸に漂着後、一六〇九年九月から約一年間日本に滞在した、スペインの前フィリピン総督ロドリゴ・デ・ビベロは『日本見聞録』で、京都の大仏について詳しく書いている。ビベロ自身が駿府から豊後へ旅する途中に京都に寄って、実際に大仏を見ていた。一六〇九年十二月二十日から二十四日のことである。

そこには、ビベロの大仏に対する素直な驚きが記されている。

「ダイブツと呼ばれるこの金属製の偶像は世界の七不思議の一つに十分数えられる。この非常に珍しいダイブツと他に比肩できるものがあるかどうか分からない。全部銅製で、とてつもなく大きく、高さもあまりに高く、どんなに口を極めて言ってみても、その奇抜さは目で見てみなければ、表現できないだろう。ダイブツの右手親指を測ってみようと抱きついたが、完全に一回りするには二パルモ足りなかった」と、初めて見る巨大な偶像を説明した。

ビベロが訪れた当時、京都の大仏は完成していたが、「方広寺はまだ建設中だった」と書いている。一六〇九年十二月のことだから、その二年半後に方広寺完成とすれば、ちょうど時期的には合うだろう。

隣接する太閤神社については「中央門は磨き上げられ、非常に手の込んだ金と銀のはめ込みが入っていて、お堂の本体は際立って大きな柱石と柱の上にのっている」と、こちらも壮大な建物だったことが想像される。太閤神社、方広寺、大仏は、絶大な権力を誇った秀吉の威光を全国津々浦々に知らしめるものであり、太閤豊臣時代を象徴する遺構となるはずだった。

「太閤神社を京都で見学したが、秀吉の墓はこの世の壮大なものの一つで、この世の七つの驚異の一つに数えてよいだろう。金属製の像が秀吉のために建てられ、その像を安置した方広寺建設に、二千四百万もの金額が掛かり、十万人が従事したと言われる」。

ビベロの報告書は、スペイン本国で驚きをもって迎え入れられたはずである。

秀頼は身体の自由が利かない肥満型

ビベロら一行がメキシコへ無事戻り、ビベロら救援のお礼に来日した、スペイン大使セバスティアン・ビスカイノは約二年半後、一六一二年六月、京都を訪れている。

ビスカイノの報告書には「太閤の墓所は大変面白いのだが、悪魔の大仏には、多くの人々が押し寄せて、真っ当な道が分からないほどだった。周囲に数多くの寺があった」とある。カトリック一辺倒のビスカイノらしく、異教の偶像について素っ気なく書いて、ビベロのような驚きを記していない。ただ、この一文からは、ビスカイノ訪問当時には、京都大仏に続いて、方広寺もほぼ出来上がり、それで周辺が大にぎわいになっていた、と考えてよさそうだ。

この直後、方広寺鐘銘事件が起きるのだが、ビスカイノは京都、堺を経て大坂で秀頼と面会している。ビスカイノ報告書には「あんなに武勇に優れた者の息子が軟弱にしているのを見るのは残念なことである。大層肥満して、三十歳にもなっていないのにもう身体の自由が利かない」と書かれている。

当時、秀頼（一五九三〜一六一五）は十九歳だった。ビスカイノは、秀頼が、まるで、現在の北朝鮮の独裁者のような肥満体型だったことを明らかにしている。北朝鮮と違うのは、秀頼は既に権力を失い、六十五万石の一大名に成り下がっていたことだ。秀吉の残した金銀の遺産に頼り、京都の大仏、方広寺などを建造、さらには数多くの浪人らを召し抱えていた。

キリスト教は三十六番目の宗教

第一章「暴君」で書いたように、一六〇〇年の関ヶ原の戦いで勝利した家康は、積極的な開国主義者として海外との交流を盛んにして、西洋諸国との貿易を活発にするだけでなく、ヨーロッパの科学技術を移転させようと努めていた。そのために、キリスト教布教を容認し続ける。

一六〇九年秋から一年間、日本に滞在したビベロの報告書に興味深い一場面が登場する。家康に対して、長崎をポルトガル領のように支配し、神社仏閣を打ち壊すなど行き過ぎたカトリック（イエズス会）の信仰に腹を立てた仏教や神道の代表者たちが、キリスト教宣教師を追放、キリスト教禁令を出すように請願している。彼らの請願に対して、家康は「日本にはさまざま三十五の宗教がある。そこに、キリスト教が加わって、宗教の数が三十六となったところで大差ないではないか。キリスト教もそのまま住まわせておけばよい」と即答したのである。

当時の家康にとって、キリスト教は、日本で信仰されている宗教の「三十六番目」という位置付けであり、仏教、神道など融通無碍《むげ》な日本的宗教と同じである、と考えていたことが分かる。その時点では、キリスト教（カトリック）の正体が絶対無比の一神教であり、植民地化によって、他の宗教を暴力によって排除してきたという事実を、家康は全く知らなかった。三十六番目の宗教としての認識で、カトリック布教に寛大な姿勢で容認したため、イエズス会だけでなく、フランシスコ会、アウグスチノ会などの宣教師が日本へ大挙して訪れていた。

一六一〇年頃には、日本でキリシタン文化が絶頂期を迎える。キリシタン大名、キリシタン信徒の人数もピークを迎えている。長崎、大坂、京都、江戸をはじめ、日本中に百カ所近くの教会、病院が建設され、日本人信徒の教育をするための神学校が次々と開設されていく。

フランシスコ会宣教師ソテロの手紙には「キリシタン信徒三十万人」と書かれているが、『日本切支丹宗門史』には「一六〇五年には七十五万人のキリシタンがいた」と膨大な数のキリシタン信徒が存在していたことを報告している。

十六世紀、日本の人口は約一千五百万人から二千万人と言われる。全国で反乱を繰り返した一向一揆は鎮圧され、秀吉の時代には対立する仏教宗派はなくなっていた。一つの宗派として、キリスト教の三十万人は圧倒的な勢力を誇っていたことになる。関ヶ原の戦いでさえ、東西両軍合わせて二十万人弱という陣容を考えれば、三十万人前後のキリシタンは他を圧倒する一大勢力、と言えるだろう。

さらに、家康はビベロに対して、日本の金銀鉱山開発、精錬などのために、スペインから大量の技術者を送り込むように求めた。その見返りに、産出された大量の金銀をスペイン側に渡す協定を結んでいた。それだけでなく、「鉱山技術者たちが信仰する修道会の宣教師を伴うことができ、宣教師、技術者らのために聖堂及び教会を整備する」ことも受け入れ、もし、その通りに進んでいれば、数多くのカトリック関係者が日本を訪れることになっただろう。これに合わせるように、幕府の要職の中には、キリシタンに改宗する者も出ている。

駿府を守る豊臣方の家臣

ところが、その裏では、家康の寛大なキリシタン許容政策につけ込んで、スペイン勢力による日本征服計画、伊達政宗、大久保長安らを中心とした幕府転覆計画が着々と進められていた。

一六一二年二月、岡本大八事件の発覚によって、すべての流れが変わっていく。

キリシタン大名有馬晴信、キリシタン信徒、幕府役人岡本大八の審理が始まり、二人は駿府の大久保長安宅で引き合わされる。表面的には、岡本大八は有馬からの金品の受領を自白して、さらに、有馬の長崎奉行襲撃計画などを暴露したことで、二人の罪が確定する。有馬に対しては、証拠が提出されたわけではなく、なぜ、長崎奉行襲撃を企てたのか真相は謎に包まれているが、この事件を契機に、家康はキリシタン政策を百八十度転換することを公に宣言した。

ところで、有馬、岡本の両人を対決させる場所に選ばれたのが、金山奉行大久保長安の屋敷であった。さらに、有馬は罪状が確定すると、そのまま長安宅に拘禁されている。一六一一年七月、ビスカイノの駿府滞在中、不審な動きを見せた長安ら一族を徹底的に調べ上げ、家康は、隠密裏に幕府転覆計画が進んでいたことをつかんでいた。駿府奉行所でひそかに長安屋敷を調べていたのだ。岡本大八事件を決着させる場所にすることで、長安屋敷の地下にあった秘密の部屋などが探索されている。

一六一二年三月、岡本大八事件の始末が終わるや否や、突然、長安が中風（脳卒中）で倒れてしまう。七月半ば、家康は長安を見舞い、漢方薬烏犀円《うさいえん》（毒薬？）を与えている。長安は再起不能となり、一六一三年四月に亡くなる。長安死亡の報が家康にもたらされると、事態は急変する。突然、長安屋敷の家宅捜索が開始され、幕府転覆という謀《はかりごと》が露見する。長安の遺骸は安倍川原に運ばれ、あらためて斬首され、さらし首となった。長安の遺児七人をはじめ、大久保家の係累、縁者すべてが処刑されるという粛清の嵐が吹き荒れる。

家康の側近中の側近、金山奉行大久保長安が幕府転覆計画に関わっていた。

家康の諜報機関は全国に散らばり、情報を集めていく。長安らの幕府転覆計画がどこまで広がっていたのか、伊賀、甲賀の忍者らは、キリシタン大名の動向、約三十万人というキリシタン信徒に関するあらゆる情報を集めていく。全国の教会、神学校などをひそかに探索する。

駿府では、一六一二年八月安倍川で大洪水が起きた。翌年の一六一三年に入ると、二月の安倍川大洪水に始まり、四、五、六月と大雨が続き、七月には大風雨となって、駿府周辺は大きな被害を受ける。さらに、十月に大地震、十二月にも大雨、大洪水が起きるなど自然災害の当たり年だった。この自然災害に活躍したのが、安西衆だった。関ヶ原の戦いで敗れた、豊臣方の残党だった者たちを駿府に呼び寄せて、駿府城の守りとなる安倍川の西側に住まわせたことから、安西衆と呼ばれた。

一六一二年三月に幕府直轄領などでキリスト禁教令を発布するが、直轄領以外ではキリシタン布教は続けられていた。また、こんな時期、京都の大仏開眼及び堂供養の一件にまで手が回る状態ではなかったのだ。

さらに、大久保長安事件によって発覚した、大国スペインに呼応する仙台藩伊達政宗の動きが気になるところでもあった。一歩対応を誤れば、大きな脅威となったからだ。一六一三年十月、家康は、仙台藩が建造した五百トンの西洋帆船サン・ファン・バウティスタ号で、ビスカイノ、ソテロらスペイン勢力が日本を去るのをじっと待っていた。政宗が積極的に幕府転覆を謀るのではなく、スペイン側が伊達藩を傀儡《かいらい》政権にしたかったにすぎない。ソテロらの考えは、フランシスコ会が中心となり、奥州に大量の宣教師を派遣して、仙台などをスペインの橋頭堡とした上で、日本を植民地化するという計画である。フランシスコ会の大物宣教師ソテロらが去ってしまえば、カトリック勢力の核となる人物はいなくなり、政宗には積極的に幕府に反逆するほどの力はない、と家康は考えたのだ。

このため、スペイン大使ビスカイノに対しては「暴君」として徹底的に威しをかけ、断固として戦うという姿勢を見せつけた。ビスカイノの報告書は、キリシタン弾圧を繰り返す「暴君」家康の脅威論で埋まってしまった。

一六一二年秋、後世、欧米で「パックス・トクガワーナ（徳川による平和）」と高く評価された、世界でも稀な平和時代を到来させるか、もう一度、領土の分捕り合戦を繰り返す戦国時代に舞い戻りさせるか、それを左右する大きな山場を、家康は迎えていた。

キリスト教シンボル、大坂城にあふれる

一六一三年十二月、すべての障害がなくなったことを見極めた家康は、翌年一月、全国に向けて、キリスト教禁令を発布した。キリスト教禁令、宣教師追放でカトリック勢力との戦いに出ることを決めたのである。七十二歳の家康には、これが最後の戦いであり、負けられない戦いであった。

家康は全力で情報を集めていた。イエズス会、フランシスコ会宣教師らによって建てられた教会が百以上にも上り、キリシタン信徒は白蟻のように日本各地に増え続けていた。ビスカイノによる日本植民地化戦略、岡本大八事件、大久保長安事件は、家康に深刻な打撃を与えていた。このままにしておけば、カトリック勢力が日本中を覆ってしま

う危険を家康は実感していた。

秀吉の中途半端なバテレン追放令とは違い、家康は、禁教令によって、イエズス会、フランシスコ会宣教師らの国外追放、それに従わなければ火刑にすることを全国に通告した。江戸、大坂などの教会、修道院などどすべてが撤去され、焼かれていく。高山右近らキリシタン大名をはじめ百四十八人をマニラ、マカオに追放した。

伊達政宗は、スペインに向かったサン・ファン・バウティスタ号の帰国を待たずに、キリシタン支倉常長ら遣欧使節団との縁を切ることで、家康のキリスト教禁令に従い、スペインとの関係を断つことを家康に上申する。

政宗という後ろ盾のなくなったイエズス会、フランシスコ会宣教師や信徒たちが、どのような行動に出るのか家康には予測できていた。宣教師らは唯一の避難地とされた長崎に向かわなかった。

イエズス会、フランシスコ会の宣教師は、全国に散らばっている信徒らにひそかに、大坂城に集結するよう指示している。家康のもとにも、その情報は、全国に散らばった忍者らから伝えられた。大坂城の淀君、秀頼は、ポルトガル、スペインを味方に付けたのだ。予測通りの動きを見て家康は激怒し、カトリック勢力とともに豊臣家を殲滅《せんめつ》することを決断した。

天下の名城、大坂城の総構えは、約十五キロにも及び、驚くほどの大きさだった。難攻不落と言われるゆえんは深い堀に守られていたからだ。さらに、高さ三十六メートルの石垣でぐるりと囲まれていた。それぞれの門には武器がずらりと並び、櫓《やぐら》には鉄砲狭間《はざま》や石落としが設けられていた。全国のキリシタン宣教師、キリシタンの元大名、信徒、浪人その他の不満分子が続々と詰め掛け、ごった返す状態になった。大坂城は聖十字架、キリスト、スペインの大守護聖人ヤコブが描かれた大きな幟《のぼり》、旗が石垣の外に向けられて立てられるようになった。次から次へと幟、旗の数は増え、大坂城はキリスト教のシンボルであふれていく。

スペイン、ポルトガルの宣教師を中心に数多くの者が、本国で敵対するオランダ、イギリスとの戦いに位置付けている。大坂方につくしか、スペイン、ポルトガル、イエズス会、フランシスコ会などが生き延びる道はなくなっていた。カトリックという唯一無比の信仰に生きているだけに、宣教師、修道士らは死を覚悟した。殉教を求め、生命を賭ける戦に恐れはなかった。

こんな状況では、いつ戦争が始まってもおかしくない。キリシタン信徒を中心に約十二万人という大集団に膨れ上がり、異様な熱に浮かされていた。もしかしたら、家康相手でも勝てるかもしれない。そんな、何の根拠もない予感を持つ者が増えていた。特に大坂城の淀君、秀頼はそう確信したかった。

一触即発の状態に

家康にとって、大坂城との戦いは、すべての不満分子、特に日本征服を企むスペイン、ポルトガルとの戦いと位置付けられた。豊臣家という六十五万石の一大名が、家康の禁教令に背きカトリック勢力を味方につけたことで、許すことのできる存在ではなくなったのだ。

家康はマニラ、メキシコからスペインの軍艦が支援に来ることを想定した。そのために、戦いの準備を二年間かけて行ってきた。ウイリアム・アダムスを通じて、イギリス、オランダからあらゆる武器弾薬が集められた。

当時、堺、江戸、駿府、平戸のイギリス商人の動きは慌ただしく、家康が武器、弾薬を大量に買い込んでいることを手紙のやり取りで明らかにしている。「駿府の皇帝（家康）がカルバリン砲四門、セーカー砲一門を購入した」、「江戸、駿府で、銃弾は関西に比べて従来の三〇％割増の高値で売れている」などという手紙の記述があり、アダムスは大型鉄砲、火薬を購入するように積極的に働き掛け、家康がほぼすべてを購入したことなども報告している。これで、いつスペイン側と戦争になっても、十分戦える万全の状態となった。

そして、一六一四年七月、宙ぶらりんになっていた方広寺鐘銘問題が再び、蒸し返された。ビスカイノが書いているように、大仏完成によって、京都には、日本一の大仏見物で諸国から多くの人が集まっていた。ところが、方広寺鐘銘問題はまだ、解決されていなかったのだ。なぜ、大坂方は鐘銘にこだわったのか。方広寺鐘銘は、清韓の漢詩のまま、差し替えられていなかった。これを知った家康方は怒りに怒った。

「断固、開戦すべき」の空気

こじれにこじれた末、秀頼の後見人、片桐且元は一六一四年八月、三つの和解条件を持参して駿府を訪れた。「秀頼の大坂からの転封」、「秀頼の江戸への参府」、「淀君の江戸住まい」が幕府に従うための和解条件であり、大坂方から見れば無条件降伏と取れた。しかし、三百諸藩の大名は参勤交代、人質の江戸在府などすべて従っていた。関ヶ原の戦いの後、徳川幕府創設によって、一大名であれば、幕府へ恭順を示すのが当然の義務であり、そうでなければ、改易の憂き目に遭うことをすべての大名が承知していた。家康はその条件で矛を収めることを承知した。

家康の承諾を取り付けた片桐且元は、当然のことを提案したに過ぎないが、ただ、且元の独断だった。このことから、且元は裏切り者という汚名を着せられることになる。日本全国から、不満を持つ多くのキリシタン宣教師、キリシタン大名、信徒らが大坂城に集まっていた。彼らには、国外退去する以外に生きる道はないのである。家康さえ倒せば、大坂城はスペイン、ポルトガルにつながる、すべてのキリシタンの拠点になるのだ。

大坂城にキリシタンの幟や旗がひしめくようになると、誰もが大坂での戦争を確信した。そんな時、屈辱的な和解条件を持参して、家康に頭を下げた片桐且元は、豊臣家にとって裏切り者であり、もし、そうでなくても、裏切り者にしてしまわなければならなかった。最も冷静に且元は見ていたが、淀君、秀頼らは、大坂城に出現した烏合の衆のにぎわいに浮かれてしまった。

片桐且元は大坂城に戻り、三条件を淀君、秀頼に呑ませようとした。

大坂城本丸大広間の評定は、太平洋戦争の前に開かれた御前会議に似ていたのだろう。大広間評定の結論は、一応白紙に戻されていた。その時、「死を賭して」対徳川無条件講和を直言した且元に、味方は一人もいなかった。「断固、開戦すべき」を信じて、集まった他のすべての者たちに、且元の直言は耳に入らなかった。その場の空気は、開戦しかなかった。

大坂城本丸大広間の評定、片桐且元の斡旋が不調に終わってからも、家康は駿府を動いていない。大坂城のフランシスコ会はフィリピン総督府に支援を求めた。家康はスペインの動きを慎重に見守っていた。それでも、フィリピン、メキシコでの動きは全くなかった。

家康の攻撃であっという間に壊滅

一六一二年八月四日付でフィリピン臨時総督がスペイン国王へ送った書状で、家康が戦いに備えていることを、スペイン側も察知する状況が見えてくる。

「オランダ人は日本で造船と大砲の製造技術を伝えており気に入られている。オランダの一千トン級艦隊の提督船が日本へ向けて出航したが、皇帝（家康）に献上する十二門の大砲、軍需品、造船技術者、大砲の鋳造技術者を乗せていた」と報告している。

オランダ、イギリスからの支援がスペイン、ポルトガルを上回っていたことをスペイン側は承知して、家康の圧倒的な軍事力に強い警戒感を持っていた。スペインは手出しが出来なかったのである。一六一四年一月のキリスト教禁令、宣教師追放以降、「暴君」家康の存在を恐れたのである。家康は、アダムスからスペインは日本へ手出しをしない、という情報を得て、決断する。

十月一日、家康は四百八十騎の親兵を従えて駿府城を出陣、大坂に向かうことを決めた。関西各地で小競り合いが始まった。

十一月三十日、家康は二十万の大軍で、大坂城へ一斉攻撃を始めた。イギリス、オランダから買い占めた大砲、大型鉄砲から、大量の火薬類をどんどん撃ち込んだ。その攻撃から、たった一週間ほどで、大坂方は講和を求めたが、家康は退ける。家康は徹底的な砲撃を続けた。十二月二十日、宣教師、キリシタン武士らの追放、堀の埋め立てなどの条件で豊臣側は全面降伏するしかなかった。家康の一方的な勝利であった。

一六一五年六月七日夜、疲れ切って、身なりもぼろぼろのフランシスコ会宣教師アポロナリオが、平戸のイギリス商館に命からがら助けを求めてきた記録が残る。

アポロナリオは「戦闘はいきなり始まり、大坂城にいた十二万人以上の軍勢が家康の攻撃であっという間に壊滅した」と証言している。戦は、家康側が大砲を本丸の天守閣に向けてどんどん撃ち込んだことから始まった、という。大坂城は何とか持ちこたえていたが、アポロナリオは運良く脱出でき、長崎に逃れようとしたのである。イギリス商館長リチャード・コックスはカトリック教徒を嫌っていたが、アポロナリオに食べ物などを与え、長崎までの旅費として銀器を手渡した。そして、コックスは大坂での戦いが、家康側の勝利に終わることを確信した。

ちょうど、アポロナリオが平戸に到着した頃、大坂夏の陣が起こり、家康は丸裸の大坂城を攻め、豊臣家を滅ぼしている。コックスはずっと後になって、その事実を知ることになる。

カトリック勢力を一掃

「スペイン王は暴力をもってポルトガルを征服して、その正統なる後継者を追い出した。世界の他の地域においても数多くの同じことを行っている。もし出来るならば、スペイン王は日本においても植民地化を企んでいる。そのために、カトリック教宣教師が多くのキリシタン信徒を扇動して、謀反を起こさせようとしていることは疑いない」(一六一五年十月十四日、コックスの手紙)。

コックスが江戸のイギリス事務所宛にこの手紙を書いた時には、大坂の陣は終わっていたのだが、まだ、平戸のイギリス商館まで正確な情報が届いていなかった。イギリス商館では、日本植民地化の野望を抱くスペインを脅威と見なしていた。しかし、一六一四年十一月の大坂冬の陣、一六一五年六月の大坂夏の陣でスペインの脅威はすべて取り除かれていく。家康に手を出す不満勢力は一掃された。

人生最大の失敗?――大坂の陣

しかし、大坂の陣の勝利で、国内では「腹黒」家康の評判のみが高まった。

憎むべし　木から落ちたる　猿の子を　食って狸が　腹つづみ打つ

約四百年前の落首にあるように、秀吉の遺児・秀頼をいたぶって、とうとう食べた（自害させて豊臣家を滅ぼした）家康に対する、大坂庶民の憎しみだけが、いまも残っている。関西では、現在でも「腹黒」家康の人気はない。二〇一一年に大ヒットした映画「プリセンス・トヨトミ」（万城目学原作、鈴木雅之監督）は、大阪人がいまでも豊臣家への思い入れが強く、豊臣家を滅ぼした、残虐な家康の仕打ちを憎んでいる姿をテーマにした。

大坂の陣を扱った歴史書は、家康は豊臣家を滅ぼすためだけに必要のない無理な戦いを行い、後世、「腹黒」狸おやじという評判だけを残し、人生最大の失敗をおかした、と指摘している。

また、不思議なことに、大坂の陣開戦の理由となった、方広寺鐘銘「国家安康」は削り取られることなく、豊臣家の繁栄を願う「君臣豊楽、子孫殷昌」とともにいまも残っている。

家康は大坂の陣を終えて、一年足らずで亡くなってしまう。「家康」は諱となり、「国家安康」の鐘銘は問題にならなくなってしまったのか。そのような鐘銘も残っていることから、複雑で面倒な国際情勢から歴史を見るよりも、「腹黒」家康の陰謀として大坂の陣を見たほうが分かりやすいようだ。

幕府転覆――「政宗挙兵」の噂

一六一六年七月、二代将軍秀忠は大坂冬の陣で不行跡があったとして、弟の松平忠輝を改易した。「南蛮人の希望の星」とまで呼ばれた忠輝は信州へ流罪、蟄居《ちっきょ》させられる。伊達政宗は、即座に五郎八《いろは》姫を忠輝と離縁させて、仙台に連れ戻す。その三カ月前の四月、家康は死の床にあったが、最期まで忠輝とは会うことを拒否、スペイン勢力とつながり、大久保長安を後ろ盾として幕府転覆に関わった忠輝の罪を許さなかった。

家康の亡くなった後、流罪となった忠輝は舅の政宗とともに幕府転覆に出る、という噂が流れる。忠輝を立てて「政宗挙兵」という、京都での戦争の噂は、イギリス商人の手紙に何度も登場するが、家康は亡くなる前、大坂の陣ですべての不安の種を刈り取ってしまっていた。スペインに派遣した支倉常長ら遣欧使節団を切り捨てることで、スペインとの関係を断った以上、政宗挙兵は絶望的だった。大坂の陣で、大国スペインがいかに無力だったか政宗は知ってしまったのである。忠輝改易は、幕府転覆に関わった罪とともに、政宗に対する見せしめだった。

カトリック対プロテスタントの戦い

スペインが日本を脅威と見たのは、ポルトガルから伝えられた、たった二丁の火縄銃から三万丁の火縄銃を大量生産した、アジア一とまで言われた日本の軍事力が挙げられる。その軍事力と同時に、「腹黒」家康が、大坂城にすべての不満分子、特にキリシタン勢力を追い詰め徹底的に戦ったことで、あまりに手強い存在であることがスペイン側へはっきりと伝えられた。

「暴君」家康でさんざん威嚇した後、「腹黒」家康は徹底的な実力行使に出たのである。オランダ、イギリスからの大量の武器を全面に押し出して、容赦なく戦う「腹黒」家康の姿は、真っ黒な大黒頭巾形兜で印象付けられた。

大坂夏の陣の後、イギリス商人の手紙には「ロンドンと同じくらいの大きな都市が一軒も残らず焦土と化した。三十万人以上の死者が出ている」と壊滅状態となった堺の様子がつづられている。当時、国際貿易都市として大いに繁栄し、自由の気風にあふれ、イエズス会の宣教師らから「東洋のベニス」と称された堺は、豊臣側の軍勢によって火を放たれた。堺の商人たちが徳川側に通じたことを知り、秀頼の怒りを買ったからだと言われる。

そして、この手紙では「秀頼はイエズス会、フランシスコ会宣教師らに布教許可の約束を出していたが、もし、この約束が実現していれば、逆に我らイギリス人はすべて日本から追放されることは疑いなかった。皇帝（家康）が勝利したことを大いに喜ぶべきである」と続いている。大坂の陣はまさしく、スペイン、ポルトガル（カトリック）対イギリス、オランダ（プロテスタント）の戦いだったことを明らかにしている。

大坂の陣によって、豊臣家は滅亡する。また、家康が最大の敵と見なしたカトリック勢力はすべて退けられた。

当時の世界情勢を見れば、日本征服というスペインの野望は確かに存在したのである。大坂城に集結したスペイン、ポルトガル宣教師、キリシタン信徒らを徹底的にたたき、家康は完全な勝利を収めた。日本植民地化の先兵となった、政治的なキリシタン勢力をすべて壊滅させた上で、その後幕府はスペイン、ポルトガルとの関係を完全に断つのである。

家康が大坂の陣で着用した大黒頭巾形兜、歯朶具足は、徳川家吉祥の具足とされる。三代家光が、将軍家・武具の筆頭に位置付けたからである。歴代の将軍は、家康の歯朶具足の写し具足をつくり、毎年一月十一日の具足開きには、江戸城黒書院で床飾りを

11代家慶所用歯朶具足の写し
（歯朶の前立が装着される）

して、徳川家の武運を祝った。

久能山東照宮博物館には家康の大黒頭巾形兜、歯朶具足だけでなく、歴代将軍の写し具足十八領が現存している。ただ、家康の大黒頭巾形兜のみ、金色の歯朶の前立を装着しない無骨な兜である。

狸おやじ家康の「腹黒」術に触れたいならば、久能山東照宮博物館で大黒頭巾形兜を見ることをおすすめする。「腹黒」家康が、植民地化の危機をどのようにはねのけたのか、あなたも少しは実感できるだろう。

第三章

狡猾

「ぼろぼろの古兜」の持ち主は？

久能山東照宮博物館に、ぼろぼろに錆びた古兜《ふるかぶと》が展示されている。

戦場に長い間、ほうっておかれた趣《おもむき》の兜である。この博物館には国宝、重要文化財約二百点を含む二千点もの所蔵文化財があり、その中から、特に選んで展示しているのだから、目の前の古兜が、何か大きな意味を持つに違いないことに多くの方たちも気づいている。

そう思って、古兜をじっくりと見てほしい。正面左右から後方に掛けて広がり、首回りを覆う錏《しころ》が残る。残念ながら、兜の前面を飾る、一番派手な前立《まえだて》は失われている。鉢回り七十センチ、重さ二千七百グラムあり、丸い鉢回りにある細かい筋模様から五十《ごじゅう》二間筋兜《にけんすじかぶと》と呼ばれている。

「なぜ、こんなぼろぼろの兜が飾ってあるの?」

そんな質問をしてくるのは、戦国時代の歴史に関心の薄い方が多いようだ。そんな人ほど熱心に説明パネルを読んでいるが、肝心の説明パネルには元の所有者について簡単に書かれているだけだから、「なんだ、これ」と言って、次の展示へ向かってしまう。

それが、戦国武将ファンならば、唾を飲み込み黙って見入っている、そうでなければ、説明パネルを見るや否や、「おお!」と驚きの声を出す人さえいるほどだ。いずれにしても、そんな戦国武将ファンのみなさんは、その兜の所有者を見て、信じられないという顔をしている。

「島左近清興《しまさこんきよおき》」

『久能山東照宮宝物台帳』(明治時代に作成)に、「伝島左近所用」の記載がしっかりと残っている。つまりこの兜は、江戸時代から久能山東照宮に大切に継承されてきたことを物語る(口絵ivページ)。

島左近唯一の遺品が残る

「三成に過ぎたるものが二つあり　島の左近に佐和山の城」

そんなふうにうたわれたのが、関ヶ原の戦いで西軍を率いた石田三成の侍大将、島左近である。

左近は、「洞《ほら》ヶ《が》峠《とうげ》を決め込む」（日和見主義者を表す）で有名な戦国武将筒井《つつい》順慶《じゅんけい》の重臣だったとされ、小田原の北条攻めの後、筒井家を離れた左近を、三成は、自分自身の知行四万石の半ば、二万石を与えることを条件に召し抱えている。ただ、左近についての記録はほとんどなく、伝説的な勇将、智将としてのみ知られている。

一六〇〇年天下分け目の関ヶ原の戦いで、島左近は、石田三成軍の先鋒として約三千を率いて、東軍の田中吉政、細川忠興、黒田長政らと交戦した後、家康の本陣近くまで接近、

島左近が着用したとされる兜

勇猛果敢に激突したとされる。西軍勝利のために、東軍の総大将家康の生命を最後まで狙ったというのである。

と言うことは、徳川家康にとって、敵方も敵方、西軍の総大将石田三成の最も頼りとした片腕の大将兜が、家康を祀る神社に堂々と飾られていることになるのだ。

驚きはそれだけでは済まされない。

島左近は関ヶ原の戦いで討ち死にしたことになっているが、すべては伝説であり、謎に包まれている。左近の武具、甲冑類、手紙、書画などを探しても、全国各地どこにも残されていない。それがよりによって、家康ゆかりの久能山東照宮にだけ残されていた。ぼろぼろに錆びた兜のみが、左近の唯一の遺品として現存している。

敵の大将兜が伝来した理由？

久能山東照宮は、家康を初代とする歴代将軍の甲冑、兜、刀剣類などを受け継いでいる。特に、家康の甲冑三領をはじめ、歴代将軍の甲冑六十三領、兜十四頭を所蔵している。

しかし歴代将軍以外では、酒井、本多、井伊、榊原ら徳川家重臣、あるいは家康につながる織田信長、豊臣秀吉、または加藤清正、伊達政宗、前田利家ら有力大名に関係した武将の甲冑、兜を収蔵しているわけではない。江戸時代から、久能山東照宮に保管されてきた兜は歴代将軍以外には、島左近のもののみである。

ぼろぼろではあるが、島左近の兜は、室町時代から桃山時代につくられた総覆輪《そうふくりん》の豪華な高級兜の面影を残し、価値が非常に高いことは甲冑専門家が見れば一目瞭然である。家康ゆかりのこの場所に飾られていることで、錆びてはいるが、他の収蔵品とは違う、あまりに異様な輝きを見せている。

「なぜ、久能山東照宮に、島左近の兜が伝来しているのか？」

そんな疑問に答えたくても、その由来を示す史料など一切、残されていない。

島左近のことを知っていれば知っているほど、左近の兜を堂々と展示している久能山東照宮についても、何か不可解であり、不思議な場所に思えてくる。

西軍に有利だった関ヶ原の戦い

第三章のテーマは、「狡猾」である。狡猾とは、悪賢い、ずるいという意味である。

関ヶ原の戦いで、西軍約十万の軍勢に対して、家康の東軍は約八万だった、と言われている。一八八六年、陸軍大学の教官に招かれたドイツのクレメンス・メッケル少佐が、関ヶ原の戦いの東軍、西軍布陣図を見て、即座に「西軍の勝ち」と断言したことは有名である。まさに、軍勢、配置、自然条件を含めて、西軍に圧倒的に有利な戦いだったことが知られている。

ところが、そのような机上の計算ではなく、西軍の武将小早川秀秋の寝返りに始まり、西軍十万の軍勢のうち、六万五千は静観や日和見を決め、全く動くことがなかった、とされる。結果はよく知られているように、家康の東軍が圧勝したのである。

戦いの火ぶたが切られると、西軍で裏切り、背信、日和見、静観などが相次いだ。戦争は机上の戦力や自然条件だけでなく、さまざまな諜報戦をはじめ現実主義的な戦略が勝敗を決するのである。この戦いの前後で、家康の「狡猾」がいかに発揮されたのか。西軍大名宛に送られた、家康直筆とされる数多くの手紙が物語っている。そこで、懐柔、威嚇、恩賞などさまざまな手練手管が使われている。

関ヶ原の戦いが終わった後、西軍方の大名八十八家が改易の憂き目に遭い、五家が所領を減らされた。関ヶ原の戦いに負けた西軍武将の運命は惨憺《さんたん》たるものだった。全国の大名はどちらかに属したのだから、勝利する未来だけでなく、敗戦後の運命も予見できていたはずである。

家康に従った東軍の武将、西軍を裏切った武将は多大の恩賞を得て、さらに、徳川家に忠誠を誓うことでお家の繁栄が約束された。

だからこそ、関ヶ原の戦いから十四年後に起こる大坂の陣では、全国三百藩の諸大名すべてが徳川方についた。誰一人として、家康に背く大名はいなかった。秀頼、淀君が頼ったのは、関ヶ原の戦いで改易の憂き目に遭った西軍の関係者ら、家康に対する不満分子であった。特筆されるのは、キリシタン武士をはじめとするスペイン、ポルトガルの勢力だった。徳川政権下の大名たちでは関ヶ原の戦いでの経験が生かされ、家康への背信行為は全くなかった。家康は、大坂の陣を前に、全国の武将宛に懐柔、威嚇などの手紙を一切送っていない。日本人は義理、人情を高く買うが、お家改易の憂き目に遭うことが分かっていて、豊臣家に味方する太閤恩顧の大名はいなかったのだ。

敵方の重臣を味方にした家康

家康はまさしく「狡猾」であり、「老獪」とも呼ばれてきた。

その真骨頂は、敵方の重臣を味方としてきたことである。

第一章「暴君」から登場している金山奉行大久保長安をはじめ、滅びた武田家臣の多くを重用したことがよく知られている。第二章「腹黒」では、関ヶ原の戦いの後、豊臣方の残党を駿府に呼び寄せて、安西衆と呼ばれる駿府城の守りとして使ったことも紹介した。家康は敵の裏切り者を味方とし、また、滅ぼした敵の重臣を重用するなどした。一歩間違えば、大久保長安のように裏切りに走ることを警戒しなければならないのだが、家康は積極的な人材登用を行っている。

そこでは、狐と狸のだまし合いに慣れ親しみ、狐も狸もだましてしまうほどだった。「狡猾」とは、家康にとっては日常茶飯事で、特別のことではなかったようだ。

そう考えれば、すべてが明らかになる。

久能山東照宮にある兜が何を意味するのか、はっきりと見えてくる。

「島左近は、家康の味方だった」

そう答えられた方が正解である。だから、家康を祀る久能山東照宮に、左近の兜を堂々と展示しているのだ。

島左近は、史実とされる後世の歴史資料では、関ヶ原の戦いで討ち死にしたとなっている。ただ、戦乱の最中、それをはっきりと示す証拠は何ひとつ残されていない。生き延びたという伝説も確かに残っている。石田三成の侍大将が、関ヶ原の戦いの後、安西衆などと同様に家康の味方についたのである。なんだ、そうだったのか。それであれば、すべての疑問が解消される。

島左近は家康の腹心？

島左近は関ヶ原の戦いを生き抜いて、駿府の家康の腹心として活躍する。まてよ、そんな設定がどこかにあった。そう、時代小説ファンであれば、すぐに思い浮かぶだろう。

隆慶一郎著『影武者徳川家康』（新潮社）である。

まさしく島左近は、関ヶ原の戦いの後、家康（実際は影武者、世良田二郎三郎《せらたじろうさぶろう》）の軍師となり、家康が夢見る「駿府独立自由都市」樹立のために敵対する二代将軍秀忠を中心とする勢力などに戦いを挑む、という物語の中で活躍する。

繰り返すが、島左近については、関ヶ原の戦いで討ち死にしたであろうという伝聞のみが残り、確実な史料は残されていない。

隆氏は、この小説のために、静岡県を四度取材に訪れている。静岡新聞夕刊連載のために編集者との打ち合わせがあったのだろうが、その四度の内訳は、一、静岡大学教授（当時）で歴史学者の小和田哲男氏と面会、二、天竜市（現在の浜松市天竜区）に実在する島左近末裔の取材、三、家康がつくらせた薩摩土手、駿府城の取材、四、家康と関係の深い焼津市在住の良知《らち》家の取材、静岡県立図書館の調査、などを行ったことが分かっている。お察しの通り、新聞連載中には、一度も久能山東照宮を訪れていないのだ。

隆氏の小説では、島左近の兜について「左近、兜の立物、朱の天衝《つ》き」と『常山紀談《じょうざんきだん》』の記述を紹介している。朱の天衝きとは、半月の両端を長く延長させた大型で朱色の派手な前立である。残念ながら、久能山東照宮に残る兜は前立が失われ、その記述と同一であるのか、分からない。

「ぼろぼろの兜」は何を伝えるか

「私は徳川家の正史『徳川実紀』を、新しい眼で読み返していった」。あとがきにあるように、隆氏は小説を書くに当たって、「歴史を虚構化するのではなく、歴史的事実を再構成すること」を目指していた。

島左近については、関ヶ原以後の史料などは全くない。それだけに、久能山東照宮に島左近所用として伝わる兜は、重要な意味を持つはずだった。ところが、一九八九年十一月に亡くなられた隆氏は一度も、左近の兜に対面しなかったのである。多分、その存在をご存じなかったのだろうが、残念で仕方ない。


二郎三郎が死んだのは、元和二年四月十七日巳の刻（午前十時）。青葉の一番美しく映える頃だった。

死体が久能山に運ばれる頃はどしゃ降りの雨になった。

本多正純は遺命により、この久能山に百二十五万両の金を隠し、良知惣右衛門は西門の鍵をあずかった。


小説『影武者徳川家康』ラストシーンに唯一、久能山が登場している。

となれば、その後、島左近が自分自身の兜を久能山東照宮に奉納したのも、荒唐無稽な話と言えないだろう。左近は、亡き家康（二郎三郎）の魂魄《こんぱく》とともに、隠された百二十五万両を守るという使命を果たしたのかもしれない。

ぼろぼろの兜は何を物語っているのか。

権力の頂点に立った家康が求めたのは、新たな目的を成し遂げるために必要な人材であった。それは敵の重臣であれ、ずば抜けた能力を持つ専門家であれば、家康は多額の費用をかけて求めた。敵方であるから、一歩間違えば、自分自身へ刃を向けることになる危険性さえ秘めている。あるいは、敵方の立場から、家康にずばずばと遠慮なく直言するかもしれない。

しかし、「狡猾」家康は、耳に痛い直言を聞くことができたのである。その証拠が島左近の「ぼろぼろの兜」なのである。

「ぼろぼろの姿」だったアダムス

「ぼろぼろ」と言えば、一六〇〇年五月、関ヶ原の戦いのほぼ半年前、ウイリアム・アダムスが家康の前に突如、現れた時、まさに「ぼろぼろの姿」であった。

一六〇〇年四月十九日、オランダ船リーフデ号が豊後（大分県）の臼杵海岸に漂着した。当初百十人いた乗組員のうち、生き残った者二十四人、さらに、漂着後六人が亡くなり、最後まで生き残ったのは十八人と言われている。一五九八年初夏、リーフデ号はオランダを出発、激しい暴風雨、飢餓などを何度も乗り越えて、二年後、日本に流れ着いたのである。

西洋帆船漂着の情報は、九州全域のイエズス会宣教師たちに届く。イエズス会宣教師たちはすぐに大分におもむき、リーフデ号が敵対するオランダ船籍と知ると、その船員たちすべてを日本人に殺させてしまおう、と考えた。

一五八一年、オランダはネーデルランド共和国として宗主国スペインに独立宣言を行い、各地で激しい戦いが繰り返されていた。スペイン、ポルトガルにとっては、敵国オランダであり、カトリック宣教師にとって、日本などの異教徒は布教することで改宗を望めるが、プロテスタント信仰はカトリックを否定することで生まれた神を冒瀆《ぼうとく》するものであったのだから、決して許すことができなかった。まさしく、プロテスタントは悪魔の宗教であり、カトリック教徒の敵だったのである。

イエズス会は、リーフデ号が積んだ武器弾薬を発見、それを証拠にアダムスらが海賊であると長崎奉行に書面で訴えた。長崎奉行はこの知らせを大坂城に送った。大坂城西の丸にいた家康は、リーフデ号代表者を大坂城に送るよう指示した。

一六〇〇年五月十二日、家康は、初めてイギリス人に出会う。

カトリックの宣教師から、海賊と長崎奉行に告発されたオランダ船の航海士、イギリス人ウイリアム・アダムスが家康の前に現れた時、まさに、「ぼろぼろの姿」であった。瀕死の長い航海を生き抜いたアダムスは罪人として扱われ、大坂まで連行されたのである。

まず家康は、これまでの西洋人と違う顔の色、髪の毛からオランダ、イギリス人を「紅毛人」と呼び、ポルトガル、スペイン人の「南蛮人」と区別することにした。

アダムスはリーフデ号航海士（パイロット）だった。地図も羅針盤も正確でない当時、船の針路を決めるのは、航海士の役割であり、その知識、経験、技術を信頼されていた。リーフデ号の針路を日本に取ったのも、アダムスの判断だったのだ。

アダムスの手紙では、家康との出会いを次のように記している。


わたしは大坂城で皇帝（家康）と初めて会った。

皇帝はまず、わたしの本国を尋ね、わたしの故国イギリスとスペイン、ポルトガルなどの国との関係を尋ねた。わたしは正直に話した。わたしの故国イギリスがスペインと戦い、エリザベス女王がスペインの無敵艦隊を破ったことなども話した。

やがて、わたしは再び入牢したが、待遇は素晴らしいものに変わった。その後二回、皇帝はわたしを呼び出して、これほど遠い日本へ渡航した理由を聞いた。わたしはただちに、わたしたちは他の国々と友誼を持って交わり、どんな遠い国とも互いに通商して、本国の産物を売買、また、その他の国のものも交易することを望んでいる、と答えた。

スペイン無敵艦隊を撃破

手紙の通り、家康はアダムスに熱心に話し掛けている。アダムスの故国イギリスがどんな国であるのか尋ねている。特に、家康が強い関心を持ったのは、イギリスとスペイン無敵艦隊との戦いであった。スペイン、ポルトガルの宣教師、商人らからは世に名高い、その海戦の様子は何も教えられていなかったのだ。

一五八八年、スペイン国王フェリペ二世が、島国イギリスの植民地化を図るために無敵艦隊を派遣した。当時のイギリスには大規模な常備陸軍がなかったから、もしも、スペインがイギリスに上陸したならば、立ち向かうことはできず、ロンドンまでスペインの進軍を阻むのはほぼ不可能だ、と考えられていた。上陸されれば、スペインによってイギリスが植民地化されることは間違いなかった。

どうしても海戦によって、スペインの進撃を止めなくてはならない。同盟を結ぶオランダからの援軍があっても、無敵を誇るスペインの大艦隊百三十隻の前に、三十四隻の王室艦を中心とするイギリスの戦力は比べようもなくひ弱だった。大国スペインとの戦いは、イギリスにとって圧倒的に不利な条件しか持ち合わせていなかった。

しかし、〝海の猟犬〟と呼ばれた海賊フランシス・ドレークらの参加したイギリス海軍は、スペイン無敵艦隊を撃破してしまうのである。アダムスはこの奇跡的な海戦に、イギリス海軍側の乗組員八十人を擁する、百二十トンのリチャード・ダフィールド号船長として物資輸送を担っている。

アダムスは愛国心にあふれ、アルマダ（無敵艦隊）を破ったイギリスの歴史的な勝利について、熱心に家康に吹き込んだのであろう。

アダムスがオランダを出航する前の年、一五九七年には再び、スペインから百十二隻の無敵艦隊がイギリス攻略のために派遣された。今度は折からの嵐に巻き込まれ、スペイン艦隊の多くが沈んでしまう。当時のイギリス勝利を記念したメダルに「神は風を起こし、そしてスペインを追い散らした」と刻まれている。まさしく、イギリスにも「神風」が吹いたのである。

開国政策を進めていた家康

家康は、アダムスの話から、島国イギリス海軍の奇跡的勝利、さらに、蒙古来襲の日本同様に神風が吹いたことを知り、大いに興奮する。当時、会津の上杉景勝をはじめ太閤恩顧の諸大名らに不審な動きがあり、天下分け目の関ヶ原の戦いがすぐ目の前に控えていた。アダムスの話すスペイン無敵艦隊との戦いは他人事ではなかった。家康が三度もアダムスを呼んで話を聞いたのは、遠いイギリスというヨーロッパの未知の国への関心だけでなく、そこで激しく行われていた戦いを知ることで、少しでも、自分たちの戦いに有効に働く知恵や技術を見出したかったに違いない。

またアダムスは、大国スペインとエリザベス女王率いる小国イギリスとの戦いは、カトリック対プロテスタントの宗教戦争でもあることを家康に教える。家康はこの時、初めて、同じキリスト教なのに、カトリックとプロテスタントという相容れない宗派があり、そのために、国同士が激しく争っていることを知る。

アダムスが、スペインと交戦状態にあるプロテスタント国、オランダのリーフデ号航海士であった偶然が、家康に貴重な情報をもたらすことになった。

アダムスと対面する一年前、一五九九年、家康はフランシスコ会の宣教師ジェロニモ・デ・ジェズスをマニラに派遣、家康はマニラ、メキシコ間の中継地として、日本へのスペイン船の寄港、メキシコ貿易の開始、西洋帆船の造船技術者らの派遣を要請している。

その代わりに、フランシスコ会の日本への布教許可、江戸での教会、慈善病院の建設を認める提案を含む、貿易許可のフィリピン総督宛朱印状を委ねていた。

家康は、アダムスを通じて、スペイン、ポルトガル、イギリス、オランダを中心とする国際情勢に初めて触れ、日本の置かれている状況を把握した。アダムスからの情報を基に、スペイン、ポルトガル側からもたらされる情報との違いなどを区別して、どちらの情報に重きを置くかなどの選択権を持つことになる。家康にとっては初めて聞くことばかりだった。だからこそ、アダムスの手紙にあるように、大坂城の家康はアダムスと三度も面会して、長い間話し合い、さまざまな情報を得ることに努めたのだ。

アダムスとの面会で、家康はポルトガル、スペインだけでなく、オランダ、イギリスとの交易を望むようになっている。リーフデ号乗組員を海賊として、厳しい処罰を求めたイエズス会の宣教師たちには、「オランダ人のポルトガル、スペインに対する略奪行為があったとしても、我が国には何の危害も加えられていない。オランダ人を死刑や追放にする理由はない」と即座に回答、突き放した。

家康は、日本国内では伊賀者、甲賀者などを積極的に使って情報収集に努め、当時から正しい情報がいかに重要かを承知していた。そこに、アダムスという新たな情報源が加わったのである。

アダムスとの面会で得られたのは、新たな情報や知識だけではなかった。リーフデ号に積んであった大砲十九門をはじめとする小銃五百丁、砲弾五千発、火薬類二千五百発の他、西洋甲冑などについても家康は詳しく聞いた。これら西洋の武器、武具類を没収するのではなく、正当に五万両相当の金で購入している。家康は武器、武具類を満載したリーフデ号を堺から浦賀へひそかに曳航するように指示した。

家康とアダムスの面会を経て、天下分け目の関ヶ原の戦いは、その五カ月後に起こる。アダムスたちがオランダから日本へ運んだ武器、弾薬類が、当時世界最大の銃撃戦だった関ヶ原の戦いに使われている。大量の西洋の武器、武具類が家康に勝利をもたらすことになる。しかし、残念ながら、石田三成をはじめ、大坂城の淀君、秀頼を守る豊臣側の勢力は、「紅毛人」に何の関心も持たなかったのである。

アダムス建造——日本初の西洋帆船

一六〇一年、リーフデ号が日本へ漂着したという情報が、オランダに伝わる。地理的にはあまりに遠い東アジアの島国だったが、オランダがアジア貿易に進出するきっかけとなる。ちょうど同じ頃、家康がマニラに派遣したフランシスコ会宣教師ジェズスが戻り、伏見で家康に面会した。家康の望んだマニラ、メキシコ交易等での成果はなく、ジェズスはすぐに京都で亡くなってしまう。

一六〇二年、アダムスは家康の外交顧問となる。三浦按針という日本名で、青い目のサムライとなり、知行二百五十石で、初の外国人旗本に取り立てられる。家康は、アダムスに所領地として三浦半島の逸見《へみ》を与えた。逸見は、家康が海外貿易拠点に考えた浦川（浦賀）に近い場所にあったからである。

家康は産業革命前のヨーロッパ情勢をアダムスから伝授され、新しい科学技術がいかに重要かを知ることになる。

秀吉が朝鮮出兵で敗れる大きな原因となったのは、李舜臣率いる朝鮮海軍に敗れたからだと言われる。スペインの無敵艦隊を破ったエリザベス女王の奇跡の海軍力に、家康は大きな関心を示した。

日本の弱点とされた海軍力強化のために、アダムス、ヤン・ヨーステンらから羅針盤、西洋帆船などの技術を学ぶことに努めた。莫大な費用を掛けて、まずは八十トン、次には百二十トンの西洋帆船を、伊豆の伊東でアダムスらに建造させる。模倣と改良こそが日本の伝統的精神であり、もし、家康の精神がそのまま秀忠ら歴代将軍に受け継がれていれば、江戸時代の日本は、イギリスと同様に世界一の海軍力を持つことになったのかもしれない。

一六〇四年、イギリスはスペイン反攻作戦に出るが、この戦いではスペイン側が勝利する。一六〇六年、東インド海洋で、ポルトガルとオランダが海戦を行い、リーフデ号の生き残りの一人、クァッケルナック船長が戦死している。

一六〇八年六月、ローマ法王が、これまでの政策を改めて、ポルトガル人以外の宣教師の日本における布教禁止令を解き、スペインのフランシスコ会宣教師などによる、日本での布教の自由を認めた。フランシスコ会、アウグスチノ会、ドミニコ会などスペインを拠点とする宣教師が日本へ続々と上陸してくる。

この年、アダムスが、家康の外交使節としてフィリピンを訪問している。アダムスは、フィリピン臨時総督ロドリゴ・デ・ビベロと会見、家康が求めるマニラ、日本との通商を開くよう、交渉している。ビベロは寄港する商船への保護と厚遇、在日キリシタンへの保護などを求めた。

一六〇九年七月、初めてのオランダ船が長崎、平戸に到着した。家康が何度もアダムスへ求めた成果がようやく形になったのだ。二年後に正式に通商条約を結ぶことになるが、当初から、家康はオランダとの交易を強く望んでいた。

ほぼ同じ頃、マニラからメキシコへ戻るビベロのサンフランシスコ号が暴風雨で千葉県沖に漂着、約三百二十人の乗組員が救出される。アダムスは家康の外交顧問、通訳として、ビベロと再会する。

一六一〇年、日本の植民地化に意欲を示すビベロは、アダムスの建造した西洋帆船で、メキシコに戻っていく。

そして一六一一年、日本とオランダの通商条約が正式に結ばれ、オランダは平戸に商館をつくっている。まさにその年、大国スペインの大使として駿府を訪れたビスカイノは、日本とオランダが正式に国交樹立したことを知って、怒り心頭となる。それが、家康を目覚めさせる大きなきっかけとなった。

異教カトリックとの決別

第一章「暴君」で紹介したが、もう一度、家康とビスカイノの出会いの場面を描いてみる。

スペイン大使ビスカイノは、浦川（浦賀）到着後、江戸を経て、駿府の家康に面会した。ビベロ救援のお礼とともに、日本近海にある金富島、銀富島発見という任務が、スペイン国王からビスカイノに委ねられていた。日本近海を探索するために、海岸線を地図にする許可を求めた。家康はこれまで通り、快くこの求めを許可した。

ビスカイノは、当初の目的が果たされると、正式に通商条約を結んだばかりのオランダ人の追放を求めた。「オランダ人は、スペイン国王に楯突く反乱者だ」と非難した。家康は、ビスカイノの求めをはっきりと断る。「日本のことにスペインが口出しすることはできない」と述べる。

これに対して、ビスカイノは「スペイン国王は世界最強の支配者であり、日本もスペイン国王に平伏したほうがよい」と傲慢な態度で脅したのである。このひと言で、家康は、いままでの友好的な考えを改めて、ビスカイノへ強い嫌悪感を持つことになった。

思っていた返答を得られないと分かると、ビスカイノは腹を立てて、「スペイン国王は日本との貿易など歯牙にもかけていない」と公然と言い放った。「スペイン国王が望まれていることは、不滅の業火から異教徒の日本人を救うことであり、すべての異教徒が聖なるカトリック教を学び、救われることを望んでいる」とカトリックの優位を再び、述べたのである。

家康は、ついに怒りを爆発させた。「スペインで信じられている宗教は、我が国のものとは全く違う。我が国でのカトリック布教はもうやめるべきだ」と答えた。まさにこの時、カトリックすなわち、ポルトガル、スペインとの関係を断ち切ることを家康は決めたのである。

家康の正確な情報源——アダムス

偶然と言えば偶然だが、スペイン大使ビスカイノが傲岸不遜な人物で、家康に対して極めて悪い印象を与えたことが、家康の判断を大きく左右した。アダムスから、その背景にある、世界征服を企むスペインの大国意識を説明されて、家康はようやく、アダムスの真意を理解した。それまでは、スペインからの科学技術導入が何よりも優先事項だった。ようやく、家康は、スペインの日本侵略という邪悪な企みを察知した。

前章までに書いたように、この後、家康は「暴君」というイメージを振りまき、スペインの日本征服、幕府転覆計画を阻止するように努めていく。スペイン大使ビスカイノらへの威嚇、そして「腹黒」の〝代名詞〟を後世に残すことになる、大坂の陣でキリシタン勢力を徹底的に壊滅させる。

幕府転覆計画は事前にその芽をつまれ、結局、家康と戦うことが、いかに困難であるかという〝赤信号〟が、スペイン本国へ伝えられた。家康の正確な情報源としての役割を果たしたのが、外交顧問、通訳のアダムスだったことは間違いない。

一六〇〇年五月、二年間の航海の後、難破した上、イエズス会からは不当な非難を受けて、罪人扱いで大坂城に連れてこられたアダムスの姿を想像してほしい。ふけだらけの長い髪、髭はぼうぼうに伸びて、着ているものも不潔であり、まさに「ぼろぼろの姿」だったはずである。ビスカイノらのようにスペインの代表として、正装して身なりを整えていたわけではない。

アダムス自身が認めているように、長年の航海による悪臭とともに、一生の間に数回しか風呂に入らないという、当時のイギリス人の習慣、子供の頃からの肉食など、日本人から見たらそれだけで、不潔で西洋人臭いアダムスは嫌悪の対象でしかなかったはずである。生き延びるために、生のペンギン肉を食べ、骨までしゃぶった、という地獄の航海を続けた日々からそれほど長い月日がたっていたわけではないのだ。

そんな、ぼろぼろの姿をしたアダムスを、家康は偏見なく迎え入れ、熱心にさまざまな話を聞き出そうとした。イエズス会の悪意に満ちた情報や最初の見た目だけで判断していたならば、アダムスという貴重な情報源は失われていた。その後も、アダムスの存在がなかったならば、スペインの日本征服計画、大久保長安らを中心とした幕府転覆計画は着実に進み、幕府へ大きな打撃を与えていたかもしれない。

アダムスとの運命的な出会いによって、家康は世界情勢、日本の置かれた立場を知ることができ、海外交易を中心にさまざまな経済政策に取り組む手段を得たのである。何よりも、一六一一年のビスカイノとの面会後、キリスト教禁令という百八十度の政策転換によって、友好国をイギリス、オランダとする一方、スペインを敵対視することができた。その結果、日本国内で進んでいた幕府転覆計画を未然に防いだのである。西洋に負けない西洋帆船を建造できる技術力、経済力を日本が持っていることを、アダムス建造の西洋帆船派遣で、スペイン側は十分に知ることになる。

一六〇〇年五月から日本に滞在し、外交顧問として重用されたアダムスだが、故郷に残した妻子への思いが強く、何度か家康に帰郷の願いを提出している。しかし当時、アダムスの代わりになる人材はおらず、家康はなかなかその願いを受け入れなかった。

一六一三年九月、イギリス国王の勅命を受けた初めての使節団が駿府を訪れ、日本とイギリスの国交が樹立する。その時、家康はようやくアダムスの願いを聞き入れている。

家康は「イギリス船が頻繁に日本へやって来るようになれば、アダムスは再び、日本を訪れることになるだろう。一度はイギリスへ戻るのも良い」と伝える。家康は、アダムスという得難い人材にそれほどまでに惚れ込んだのである。

日本の歴代統治者の中で、家康ほど積極的な開国主義者はいなかった。それが可能だったのは、「紅毛人」アダムスの存在があまりに大きかった。家康は当初から、アダムスら西洋人に対して、何の偏見、差別もなく、周囲の日本人、それも側近としてつき合うことができたのである。

『貞観政要』に学んだ家康

しかし、なぜ家康には、そのようなことができたのだろうか。

家康の愛読書を見ていけば、その理由に、大きく近づくことができる。

唐の太宗を主人公にした政治書『貞観政要《じょうがんせいよう》』をよく読み、家康は、そこにあらゆる答えを求めていた。一五九三年、儒学者藤原惺窩《ふじわらせいか》から『貞観政要』の講義を受けた記録が残っている。さらに、一六〇〇年春、アダムスとの出会いの頃に、『貞観政要』を出版させている。

「狡猾」狸術を家康に授けたのは、『貞観政要』である。当時の戦国大名のほとんどが漢文を読めなかった。学問好きとして知られる家康だが、どこまで漢文を理解していたのか分からない。しかし、不明な点があれば、側に仕えていた藤原惺窩、林羅山ら儒学者に聞けばよかった。家康は、統治者としての実学を『貞観政要』に求めたのである。

太宗李世民（五九八〜六四九）は唐王朝の二代目であり、「貞観」は太宗のおさめた年号である。後世には「貞観の治」と呼ばれ、理想的な安定した政治を行ったことで日本でもお手本にされた。太宗の亡くなった後にまとめられた『貞観政要』は、主人公の太宗を美化したり、賛美したりせず、欠点も非常に多く、また、多くの過ちをおかした、ふつうの人として描いている。ただ、太宗の美点は、自己の欠点をよく知っていたことである。その欠点を補うために太宗は、自分自身に意見、直言を行うあまり聞き慣れない役職「諫議大夫《かんぎたいふ》」を創設した。太宗の欠点を補佐するための役割であるが、王に歯に衣着せぬ直言をするのは非常に難しい、また、その直言に耳を傾け、聞き入れて治世に生かすのはさらに難しい。

貞観二年、太宗、魏徴《ぎちょう》に問いて曰く、何をか謂いて明君、暗君となす、と。魏徴答えて曰く、君の明らかなる所以《ゆえん》の者は兼聴すればなり。その暗き所以の者は偏信すればなり。

兼聴は多くの人の率直な意見に耳を傾け、その意見を吟味して判断する。偏信は一方向の情報のみを信用することを指す。これはこの通りだが、どこの世界でも、権力の頂点に登り詰めると、他の意見を素直に聞くという簡単なことが、なかなかできなくなる。だからこそ、わざわざ意見、直言を行う者として「諫議大夫」という役職を置いた。しかも、諫議大夫に自分の敵に仕えていた重臣を起用しているのだ。素晴らしい発想だが、現実となるとあまりに難しい。

「創業守成」(新しくことを興す創業は易く、それを守り育てる守成は難しい)を説いたことで有名な魏徴は、太宗の諫議大夫である。熾烈な後継争いを行い、敵でもあった太宗の兄に仕えた魏徴は剛直だが、能力はずば抜けていた、という。

諫議大夫として魏徴を重用した太宗に対して、元々の家来たちから、自分たちの仇敵と宴席をともにするとは思わなかった、と半ば批判される。太宗は「確かに、魏徴は以前にはわたしの仇敵であったが、逆に、仇敵だったわたしに誠心誠意仕えたことは立派だと言わねばならない。だから、わたしは魏徴を抜擢した。魏徴は期待にたがわず、わたしがいやな顔をしてもかまわず強く諫め、わたしが非をなすことを許さなかった。これが、わたしが魏徴を重用する理由である」と『貞観政要』で述べている。

「諫議大夫」を置いた家康

太宗は、諫議大夫の言葉をよく聞いて、改めるべきことは速やかに改めることを優先した。しかも、直言を少しも怒らず、感情を害することもなく、逆に、直言してくれた者に必ず褒美《ほうび》を出した。魏徴を諫議大夫として重用したことこそ、太宗がいかに優れていたかを物語る。まさに、「狡猾」の一語に尽きるのである。太宗をまねるというのは並大抵のことではない。

しかし、家康はこれをやってのけるのである。

家康は多くの「諫議大夫」を周辺に置いた。その一人が、ウイリアム・アダムスだった。彼の意見、直言をよく聞いた。しかし、アダムスのみを信用したわけではなかった。

前フィリピン総督ビベロを救援した後、家康はメキシコに帰国するビベロと通商条約について取り決めた。当然、そこにアダムスもいたはずである。

ビベロに対して、メキシコの鉱山技術者五十人の派遣を要請する。その見返りに、ビベロから、鉱山の銀採掘でスペインの取り分は全体の四分の三という不当な条件を突きつけられるが、家康は受け入れている。そこまでしても、スペインからの科学技術力導入に期待したのである。アダムスは、家康に「このような不平等な取り決めは植民地扱いである」と進言したに違いない。しかし、家康はビベロの条件に従い、協定を結んでいる。

さらに、日本人初の太平洋横断となる、京都の商人田中勝介ら二十人を、ビベロの帰国するメキシコ行きの船に乗せて、科学技術などの面でさまざまな見聞を得させようとしている。開国主義者家康は、田中らを通して、スペインの進んだ科学技術の移転を行わせようとした。

しかし田中らは、家康の期待に応えなかった。スペイン側の思惑通りというか、ただ単に、熱心なカトリック信者となって戻ってきただけである。その後、田中らは家康の側近としては、歴史に名前をとどめることなく消えていった。

アダムスの進言がいかに正しかったかは、その一年後、スペイン大使ビスカイノとの会見で、家康にもようやく分かる。

傲慢なビスカイノに、家康は我慢に我慢を重ねた。ビベロに託した鉱山技術者の大量派遣について、ただの一人も使節団には組み入れられていなかったのだから、家康も堪忍袋の緒を切らしてしまう。さらに、ビスカイノの口から出るのは、キリシタン宣教師派遣による日本のカトリック教化、それが日本にとっていかに幸せかを説くキリシタン賛美の戯言《たわごと》ばかりだった。

ビスカイノの傲慢な態度から、家康は何が正しいのか、ようやく理解したのである。

敵方の残党を重用した家康

家康は取り巻きの言葉だけを信じることをしなかった。たった一人の言うことだけを信用していては、進む方向を誤るからである。

多くの人たちの率直な意見に耳を傾け、その中から、これはと思う意見を採用して判断しなければならない。権力者には、必ず、イエスマンだけの取り巻きができ、彼らが信用を得て跳梁跋扈《ちょうりょうばっこ》することになる。ごますりを周辺に置くことを許すのも、権力者本人なのである。

家康は、敵対した武田方の残党を多く使った。大久保長安、穴山梅雪、向井正綱ら家康の側近中の側近として活躍した者たちは多い。また、豊臣方の残党を、駿府城の重要な守りの一つである安西衆として重用したことも知られている。唐の太宗と同様に、家康は自分の敵に仕えていた者たちに「諫議大夫」の役割を持たせた。

お世辞ばかりを並び立てる茶坊主を周辺に集めることは簡単だが、耳に痛い意見、全く相容れない直言を申し述べる家臣を、側近に置くのは非常に難しい。

全知全能感が宿らなかった家康

信長は天下を取った後、自分自身を一種の全知全能感を持った神に擬したことが知られ、自分一人が正しい、独善的な政権運営に終始した。秀吉も晩年は、老人性痴呆が進んだこともあって、自分が命じれば何でも実現できる、全知全能感にとらわれた。失敗して、恨みだけを買うことになる二度目の朝鮮出兵について、誰も、秀吉を止めることができなかった。大なり小なり、ほとんどの権力者は、いつの間にか、信長、秀吉のような全知全能感を持ち、他人の意見など耳に入らなくなる。お追従やお世辞のみを受け入れたほうが耳に快いからである。

家康はこのような全知全能感を持つことはなかった。なぜならば、家康には数多くの「諫議大夫」が存在したからである。いつも、自分自身の欠点を挙げられ、意見、直言を聞いていれば、全知全能の神が宿ることはない。つまり、それだけ、家康が「狡猾」だったからである。悪賢く、ずるく、こすい人には、全知全能の神は決して宿らない。

島左近、ウイリアム・アダムスら、言いたい放題の「諫議大夫」らが周囲に取り巻いていた。一人は敵の重臣だった武将、一人は西洋から訪れた異邦人である。

久能山東照宮博物館を訪れて、島左近の兜に必ず出会ってほしい。関ヶ原の戦いで、家康の首を狙った侍大将が着用していた兜だと伝えられている。

家康は「狡猾」な人物だったが、決して、「傲慢」な人物ではなかった。

なぜ、久能山東照宮博物館に島左近の「ぼろぼろの兜」が展示されているのか。「ぼろぼろの兜」から、家康の欠点を挙げつらね、何でも意見、直言をする敵方の重臣であった「諫議大夫」の存在を知ることができるからである。

第四章 強欲

「金の生る木」とは何か

「金の生《な》る木」。そんな有り難い名前を持ち、参拝客の人気を集めるスポットが、久能山東照宮にある。

「なんだ、それ」

「金の生る木」にちなんだお守りも社務所売店で販売している。気をつけないと、こちらは、売り切れてしまうことも多い。

百聞は一見にしかず、とりあえず現地をみてほしい。初めて、久能山東照宮を訪れる方でも迷わないよう、「金の生る木」までのコースを、なるべく丁寧に説明してみよう。

標高約270メートルの久能山山頂。久能山は懸崖絶壁の独立峰

報道各社のテレビ塔が建ち並び、富士山の絶好の眺望ポイントとして知られる日本平《にほんだいら》山頂まで車で行き、ロープウエーを使えば、五分で久能山東照宮社務所に到着してしまう。日本平山頂ロープウエー乗り場には、観光バス用の大きな無料駐車場があり、団体客は当然、こちらを利用することになる。

ここで紹介するのは、駿河湾の波しぶきの音が聞こえる、久能海岸からほど近く、久能山下から、一歩一歩登っていく昔ながらのコースである。

久能山は標高約二百七十メートルの独立峰であり、東照宮の前身、久能城が築城されたのは、山頂近くの井戸から水が豊富にわき出たことと、駿河湾に面して、周囲から孤立した懸崖絶壁という地理的条件に優れていたからである。城にいたるには一本の険しい登山道しかなかったが、現在の東照宮になってからも、参拝道以外にルートはない。

駿河湾に沿った快適な海岸道路から、久能山東照宮の案内板に沿って行くと、久能山下に出る。車をそこで預けて、徒歩による登りが始まる。

大鳥居前で気持ちを整え、なだらかな広々とした石段下で一礼した後、頂上目指して、ゆっくりと歩いていこう。広い石段を登り始めると、すぐにうっそうとした森に囲まれる。駿河稲荷神社の赤鳥居、久能梅林入り口の石標を過ぎて、しばらく石段を登っていくと、背中に美しい駿河湾の光を浴びることになる。

十七曲がりと呼ばれる石段はまだ始まったばかりである。七曲がりく

久能山下の大鳥居が出発点となる

久能山東照宮博物館。金色の葵の紋が目印だ

らいで、ようやくエンジンが掛かってくる。高度が次第に上がっていき、駿河湾の向こう、伊豆半島まで気持ち良い眺めを味わうことができる。さあ、もう、ひと汗かいてほしい。

一の門に到着、ここで小休止。吹き出た汗を拭いておこう。一の門の辺りが、駿河湾に上る初日の出を拝む、絶好ポイントである。元日の夜明け前、足の踏み場もないほどのにぎわいとなる。初日の出を拝んだ気分だけ味わってから、最後のひと登りで、まずは、久能山東照宮博物館の大きな建物を右手に見ることができる。家康没後三百五十年を記念して建てられた。建物正面に、黄金色の大きな葵紋があるのが特徴である。

まずは、参拝者を楼門が迎える

今回は博物館へ寄らないでそのまま通り過ぎてほしい。

目の前に、日本平からのロープウエーと合流する社務所受付がある。ここで参拝料を払って、今度は大きな段差のある石段を進んでいく。どちらかと言えば、ここからが登りの本番となる。それだけ、石段の傾斜がきついのだ。国宝日光山東照宮陽明門の原型と言われる、二階造りの豪華な楼門がまず迎える。赤や緑の獅子、鉄の武器を食べるという貘《ばく》の彫り物などを楼門で堪能した後、五重塔跡を経て、鼓楼《ころう》、神楽殿《かぐらでん》、神庫《しんこ》などの建造物を見学していく。

あともう少し、「一一《イチイチ》ご《ゴ》苦《ク》労《ロウ》」という語呂合わせがある千百五十九段の石段をゆっくりと登っていく。唐門の獅子が守り、四百年前の創建当時とほぼ同じ姿で残る、極彩色の絢爛豪華な国宝社殿にようやくたどり着く。

家康墓の隣に伸びる杉の大木

東照大権現を祀る本殿に向かい、「二礼二拍手一礼」の拝礼を行い、願い事を念じる。少し疲れてはいるが、何かを成し遂げたような快い気分になっているだろう。

しかし、ここで終わりではない。せっかくここまで来たのに、それで帰ってしまう方も多いのだ。社殿横を通り、裏手に進むと、そこには最後の難関、急傾斜で段差の大きな石段が待っている。創建当時に置かれた大きな石灯籠もそのままに残っている。一段ずつ右の足、左の足と意識的に踏み出して登っていかなければならない。

とうとう、最後の鳥居をくぐり、これも最後の石段を登ると、広々とした境内に出る。正面に、階段つきの高い石垣で囲まれた台座の上に、巨大な小松石でつくられた、大きな石屋根の笠、塔身などからなる宝塔墓がある。台座が高く、それも石垣で囲まれているため、三葉葵紋の彫り物は見えるが、家康の法号や没年などを確認するのは難しい。実際には、何も刻まれていない無名墓である。高さ約五・五メートルという、多分、み

1159段の階段を登る

国宝の社殿

家康の宝塔墓

なさんの経験の中でも、最も大きな石造りの墓と出会うことになるだろう。

まずは息を整えた後、しばらく、家康の墓に静かに手を合わせてみる。その後、お墓の周囲をゆっくりと歩いてみる。手洗い場の向こう、立派な石造りの柵の外側に、大きな杉の木が気持ちよく、すっくと伸びているのに気がつくだろう。

この杉の大木が、「金の生る木」である。どこかに万札がぶら下がっているわけではない。大木の前に、神社が作製した説明板が掛かっていて、賽銭箱まで用意されている（口絵ⅳページ）。

そんなに慌てなくてもよい。ポケットのどこかにある小銭を探して出してみる。

「杉の木が、金を生むわけない。でも何か、きっと、ご利益があるだろう」

内心、そんなふうに思っている人も多いのだろう。ほとんどの参拝客は、半信半疑だろうが、いくばくかの小銭を賽銭箱に入れてから、真剣な面持ちで手を合わせている。

それで、ふと気づくのである。先ほど、家康の墓に手を合わせていた時、強い力に引き寄せられていた。ほとんどの参拝客は、自然に「金の生る木」に向かっているのだ。そこには、何か得体の知れない強い磁力が働いているのかもしれない。

一体、「金の生る木」とは何なのか。

世界一の金持ちだった家康

第四章のテーマは、「強欲」である。

第一章「暴君」でも、「強欲」家康についての証言があった。

「商売人で、強欲だ」（アビラ・ヒロン）、「年とともに強欲はひどくなるばかり」（セバスティアン・ビスカイノ）など、来日したスペインの商人らから、家康は強欲で金銀を貯め込むことに熱心なじいさんだという、ひどい見方をされていた。

「強欲」については、これまで紹介した「暴君」「腹黒」「狡猾」などと違い、はっきりと証拠が残っている。まずは、どれだけお金を貯め込んだのか、それを見ていけば、家康の「強欲」ぶりがはっきりとするだろう。

家康が亡くなった後、尾張、紀州、水戸の御三家に分配した遺産額が『久能御蔵金銀請取帳』に記されている。総額で金九十四万両、銀四万九千五百三十貫目、銀銭五百五十両、金換算では実に二百万両にも達している。現在の時価にして、五千億円を超えるとされる。

家康は一六〇五年、江戸から駿府に移る前に、江戸城西の丸に貯えていた金三万枚、銀一万三千貫を、二代将軍秀忠に贈っている。亡くなった後には、御三家に二百万両もの遺産を贈り、それ以外にも莫大な資産を残している。

当時、世界中を見回しても、家康ほどの「大金持ち」は存在しなかったはずである。現在のような、お金が円やドル紙幣の枚数に換算され、銀行通帳や株式などの単なる数字ではなく、純粋に金銀をどれだけ所有しているかが、お金持ちの基準だったことを考えてみてほしい。いまでも、そんなに多くの金銀を、個人で所有しているお金持ちが他にいるのだろうか。とにかく、家康は、金銀を貯めに貯めたのである。

「と言うことは、『金の生る木』は世界一の大金持ち、家康にあやかって、大金持ちにしてくれるパワーがみなぎっているのか」

そう、まずは、ここに来て、「世界一の大金持ち」パワーに触れてほしい。

もっと、もっと金銀が欲しい

「強欲」だけど「世界一の大金持ち」と、ヒロン、ビスカイノらスペイン商人を羨ましがらせた家康なのに、年を取って、ますます「強欲」に磨きを掛けていた。スペイン人に対して、大量の鉱山技術者派遣を強く求めたのだ。それは、もっと、もっとお金持ちになりたい、という家康の願望の現れであった。

一六〇九年、千葉県沖で難破、救出された後、駿府を訪れた前フィリピン総督ロドリゴ・デ・ビベロに対して、家康は「日本には数多くの鉱山があるが、採鉱、精錬技術が遅れているため、みすみす半分が失われてしまう。ぜひ、五十人でも百人でも鉱山技術者を日本へ送ってほしい」と、頼んでいる。

これに対して、ビベロからは鉱山技術者五十人派遣の見返りに、日本で掘削された金銀のうち、四分の三をスペイン側、四分の一を家康の取り分でもいいか、と家康側から見れば、とんでもなく少ない分け前が提案された。この提案を見れば、どう考えても、「強欲」なのはスペイン側であり、まるで、不平等条約を突きつけられ、植民地並みの取り分で我慢しろ、と言われているようなものである。しかし、「強欲」家康は、あっさりとビベロの提案を了承してしまう。

これだけの大幅な譲歩をしても、家康は何としても、スペインの新しい科学技術が欲しかったのだ。とにかく、メキシコからの鉱山技術者派遣を優先させ、新たな鉱山開発、金銀産出量の増加に、異常な熱意と執念を見せている。

家康の「強欲」は、金銀の量だけでなく、それを多く生み出す、新しい科学技術、最新の知識導入に向けられていたことが分かる。

家康お気に入りのウイリアム・アダムスには、莫大な費用を掛けて、西洋帆船を建造させる。晩年のことで、たった二隻の西洋帆船が建造されたにすぎない。しかし家康は、イギリスと日本を最短距離で結ぶ、ロシア最北端を横断する北方航路開発を、アダムスに命じている。新しい航路開発で、家康はアダムスに「日本の最北端にある蝦夷（北海道）」の存在を説明する。もしかしたら、未開発の蝦夷でも金銀鉱山の発見、開発を考えていたのかもしれない。

「粟散辺地」の日本

当時の日本は、最新兵器の火縄銃を大量生産できる技術や国力があったが、他の分野では遅れていた。世界レベルで言えば、間違いなく発展途上国に分類された。

中世以降の仏教的世界観に基づく「粟散辺地《ぞくさんへんじ》」——世界の片隅にある粟粒のような小国——が日本なのである。仏教書ばかりか、『平家物語』『太平記』などの世俗書にも、「粟散辺地」として日本は何度も登場する。釈迦生誕地インドや中華思想の中国を世界の中心と見なし、日本は遠く隔たったところにある辺境の小国という地位を甘んじて受け入れてきた。秀吉による、二度の朝鮮出兵も結局は、屈辱的な撤退を余儀なくされる。家康はすべてを見て、自国の実力を承知していた。

当時、日本の輸入品は、中国からの唐木綿、生糸、絹織物などが中心だった。明治期以降、日本の輸出品の中心になるのだが、その当時、木綿、絹を生産できずすべて輸入に頼っていた。

木綿、生糸を輸入するために、金銀銅、鉄などを代価として輸出していた。それしか輸出するものがなく、また都合の良いことに、交易相手は当然、金銀銅を欲していた。

幸運なことに、金銀銅という資源豊富な国、まさに、ジパング（黄金の国）が、日本だったのである。

ちょうど、日本ではゴールドラッシュに沸いていた。伊豆金山、安倍金山が発見され、佐渡金山、石見銀山、黒川金山など各地でも金銀の産出量が急激に伸びていた。家康の言葉を信じるならば、「半分以上は失われている」のに、金銀の産出量は世界的に見て、非常に多かったのだ。

なぜ、大量の金銀が必要だったのか

一六〇一年、武田家に仕えていた大久保長安を石見銀山奉行に任命、一六〇三年佐渡金山奉行、一六〇六年伊豆金山奉行も兼任させ、日本全土の金銀採掘を長安に監督させるとともに、日本中すべての金銀鉱山を幕府の支配下に置いた。

武田家を滅ぼした後、家康は武田配下の穴山梅雪や武田の誇る金山衆を味方につけた。武田金山衆は、安倍川の上流、駿河、甲斐との国境にある安倍金山の発見などで大きな役割を果たす。そして、側近中の側近、大久保長安が金山奉行につくと、日本の金銀産出量は飛躍的に伸び、家康個人の金融資産をびっくりするほどに増やしていた。しかし、それだけでは足りない、もっともっと金銀が必要だ、と家康は考えた。

なぜ、そんなに家康は「強欲」だったのか。個人の趣味で何かに使いたかったわけではないようだ。二度の朝鮮出兵だけでなく、「醍醐の花見」、「京都の大仏」、「北野の大茶会」、「金の茶室」、「聚楽第」など、派手好きで知られた太閤秀吉のような贅沢ざんまいの散財をした記録は見当たらない。

家康が莫大な金銀をかき集めた最大の理由は、新しい政権基盤を確実なものとするためだった。家康は、すべての金銀銅を幕府が独占的に支配して、新たな貨幣制度をつくろうとした。金一両を基準とする定位貨幣をつくり、金銀銭三通貨を発行することにしたのだ。そのためには、大量の金銀銅を用意しなければならなかった。

最大の功績は「貨幣制度の確立」

貨幣制度を確立させたことで、江戸幕府は、約二百七十年という長期政権を実現することができたのである。家康が金銀銅山を幕府直轄とし、通貨発行を幕府に独占させたことで、大名、商人らは贋金《にせがね》をつくろうにもつくることができなかった。

だから、財政基盤が揺らいでくると、幕府は貨幣品位を落とす改鋳という「打ち出の小槌」を使い、その強化に乗り出すことができた。

江戸文化が花開いた元禄や文化文政時代は、大掛かりな改鋳に支えられた経済力が背景にあった。金銀含有量を大幅に減らす改鋳によって、莫大な益金を生み出し、バブル経済を招いたのだ。そのバブル経済によって、世の中が潤い、独特の江戸文化が生まれていった。いくら質の悪い一両でも、幕府が独占しているのだから、これまで通りの価値を持った。幕府の刻印を打つだけで、いままでの何倍もの量を生み出し、同じ価値を持つ貨幣をどんどんつくり替えることができたのだから、まさに「打ち出の小槌」である。世の中にお金が潤沢に回ることになるのだから、景気は一気に上昇した。幕府がすべての金銀を支配していたから可能だった。そうでなかったら、贋金が横行し、大混乱に陥っていたはずである。

家康の確立した貨幣制度が崩壊するのは、幕末の開国で西洋列強が日本に入り込んできてからである。当時、日本では銀本位制を採用、金（一両小判）と銀（一分銀）の交換比率は一対五だった。つまり、金一グラムに対して、銀五グラムを同じ価値として交換できた。

ところが、「強欲」な欧米人は、日本の金を植民地の上海まで持っていけば、それが一対十六で交換できることを知っていた。金一グラムが銀十六グラムになったのだ。これだけで、三倍以上の儲けを手に入れることができた。

だから、初代のアメリカ総領事ハリスもイギリス外交代表オールコックも欧米人はこぞって日本の安い金（小判＝コバングと呼ばれた）を買い漁った。このうまい儲け話で、日本から膨大な金が国外流出していく。当然、日本国内では銀貨が大量にあふれ、その価値は下落して、物価は高騰していく。ハリスは現在の相場で、年間約四億円近くを個人的に儲けていた、と記している。

幕府も途中で気がついて、金の流出を食い止めるために、一対五の交換比率を三倍以上に引き上げたが、それに伴い、銀の価値は下落してしまうから、物価は瞬く間に三倍以上を目指して上昇していった。江戸、大坂、京都などでパニックが起きる。幕府はその状況を見て、金銀の交換を禁止するなどしたが、貨幣制度の大混乱を止めることはできず、ついに貨幣経済は機能不全に陥ってしまう。驚くべき物価高騰を招き、庶民の怒りは幕府に向かって爆発する。家康のつくった貨幣制度が破綻したことで、江戸幕府の終焉は決定的となった。

家康の最大の功績を「貨幣制度の確立」と見る専門家は多い。

二百七十年という長期政権は、ひとえに家康のつくり出した貨幣制度に依存していた。このためには、金銀の大蓄積が必要不可欠の条件だった。

金座、銀座をつくった家康

一六〇〇年の関ヶ原の戦いで勝利した家康は、翌年の一六〇一年、石見銀山など全国の金銀山を幕府直轄とした同じ年、伏見に日本最初の銀座を設置、通貨の発行権を掌握する。

駿府に移った家康は、ここにも金座、銀座を設立、周辺には、銀行機能を果たす数多くの両替商が生まれていく。日本全国にある「銀座」の名称だけでなく、当時の両替商が店を構えた静岡市葵区両替町は、現在でも市内最大の繁華街としてにぎわっている。

家康の死後、金座、銀座の中心は江戸に移り、金座、銀座、銭座は幕末まで江戸幕府の屋台骨を支えていく。

すべては、「強欲」家康だからこそできたことであり、秀吉のように成金趣味的な豪勢な散財を繰り返していたならば、江戸幕府はすぐに破綻していたはずである。

そろそろ、久能山東照宮の「金の生る木」に戻ってみたい。

一六〇七年七月、駿府城が「天下普請」によって完成する。「天下普請」とは全国の諸大名に、城郭建設などに分担して当たらせることで、家康は自分自身の金銀を使うことなく、諸大名の課役として行わせたから、「お手伝い普請」とも呼ばれた。

現在残る駿府城石垣には、「天下普請」に当たった大名家の家紋などが彫り込まれている。関ヶ原の戦いで、西軍についた薩摩藩島津家は、五百石船百五十隻に石、材木などを積んで駿府城築城に当たった記録が残る。家康の命令直下、有力な外様大名でも「天下普請」に馳せ参じなければならなかったことが分かる。

家康方式の「天下普請」では、土木労働者は無報酬ではなく、大名たちにも必ず正当な賃金を支払わせた。このため、家康という絶対権力者の住む駿府は土木景気に沸いて、全国から労働者が詰め掛けた。駿府の人口は、あっという間に、江戸と並ぶ約十万人となり、大都市に成長した。

駿府城の金銀を久能山に運ぶ

家康は駿府城完成とともに、すぐに、伏見城に貯えた金銀すべてを駿府城に移している。ところが、完成した一六〇七年の十二月、駿府城天守閣などは大奥女房衆の失火で焼失してしまう。この失火で伏見から運んだ金銀も焼けてしまった、という。金銀はもう一度吹き直せば問題ないのだが、とりあえず、家康は焼けた金銀を一時、久能城にすべて運び込んだという記録が残る。

信玄の軍師山本勘介にちなんだ勘介井戸

久能城は、甲斐の武田信玄が今川家の駿府城を攻め落とした後、一五八六年に築いた山城だった。海のない甲斐にとっては、駿河湾に臨む久能城は重要拠点となり、武田水軍の司令塔の役割を果たしている。いまも、旧宝物館の隣に、信玄の軍師山本勘介にちなんだ勘介井戸が残っている。武田勝頼攻略の後、家康は久能城を攻めて武田から取り戻し、駿府城防備の城としてそのまま引き継いだのである。

　焼け出された金銀が、久能城からいつ、再び、駿府城に運び込まれたのか不明だが、翌年の一六〇八年には駿府城が再建されている。

　一六〇九年十二月、家康は、七歳となった十男頼宣を水戸二十五万石から、駿府・遠州五十万石を与え、駿府城主を譲ってしまう。頼宣の駿府城主は名目であり、家康は頼宣の後ろ盾として亡くなるまで駿府城で過ごしている。駿府城の御金蔵《おかねぐら》には、大名からの贈り物、全国で産出される金銀、海外貿易からの利益などがますます増え続けたとされる。

　一六一六年四月十七日、家康が亡くなり、遺骸がその日のうちに久能山に運ばれ、駿府城に保管していた金銀類も速やかに久能山の御金蔵に移されたことになっている。それで御三家への遺産分配記録を、『久能御蔵金銀請取帳』と呼んだのである。
　歴史学者辻善之助氏らは「久能山に蔵を建てて三十万両を保管、これがいわゆる『久能金』と呼ばれた」などと記しているので、御三家に分配した家康の遺産とは別に、久能山に新たに御金蔵をつくり、三十万両を保管したことが分かる。一説には、「久能金」

は百万両から二百万両とも言われ、ここから久能山埋蔵金伝説が生まれる。

謎に包まれた「良知家の鍵」

久能山埋蔵金の証拠となるのが、「良知《らち》家の鍵」である。

現在の焼津市に、江戸時代から良知惣右衛門《そうえもん》という豪農が住んでいた。鷹狩りの途中、家康は良知家を度々、休息所として使ったため、惣右衛門と懇意になったのだ、という。

二代将軍秀忠の妻お江《ごう》が長男竹千代（後の家光）を嫌い、次男国松（後の忠長）との間で将軍後継争いが起きた時、家光の乳母春日局《かすがのつぼね》は良知家に滞在して家康の来訪を待った。運良く、鷹狩りで遠征した家康と良知家で面会、春日局の願いを受け入れた家康がお江らを退け、家光の将軍後継が正式に決まったという記録が残っている。このように、家康と惣右衛門は昵懇《じっこん》の間柄だったらしい。

一六一六年一月二十一日、焼津近くの田中で鷹狩りを楽しんだその夜、家康は田中城で鯛のてんぷらをたくさん食べたことから食中毒となってしまう。食中毒をこじらせ、約三カ月後に家康は亡くなる。鯛のてんぷらに当たって、家康は亡くなった、という話はこの辺りから出ている。家康の死因としては、毒薬の誤用や胃がんなどの説があり、何が真実なのか不明である。ただ、食中毒に倒れた時にも、惣右衛門は家康を足繁く見舞っている。

第三章「狡猾」で引用した、隆慶一郎著『影武者徳川家康』のラストシーンにも重要な役割を担って惣右衛門が登場していた。

　本多正純は遺命により、この久能山に百二十五万両の金を隠し、良知惣右衛門は西門の鍵をあずかった。

隆氏は「久能金」を百二十五万両と考えた。さらに、焼津の良知家を取材し、「久能金」百二十五万両を守る「良知家の鍵」の存在を明らかにした。良知家の鍵は虚構の創作ではなく、代々、良知家に伝わってきたものである。

そう、「金の生る木」には、久能山埋蔵金伝説のにおいがぷんぷんしているのだ。

「金の生る木」の賽銭箱ではなく、木の皮の部分に小銭を挟み込んでいく参拝者が多い。つまり、みなさん、「金の生る木」のどこかに良知家の鍵がぶら下がっている、という噂を聞きつけ、小銭を挟み込みながら、良知家の鍵を探そうとしているようだ。「金の生る木」には、莫大な久能山埋蔵金を隠した御金蔵を開く良知家の鍵がどこかに隠されているのかもしれない。

現在の良知家当主に聞くと、大切な良知家の鍵は、江戸、明治、大正、昭和と代々当主が引き継いできたが、太平洋戦争が起きると、戦災で焼失、紛失したりするのを避けて一九四四年頃、先々代当主が久能山東照宮に奉納したのだ、と説明してくれた。

それが一時期、「金の生る木」にぶら下げられた？

「どの辺にぶら下がっているのか」

そう思って、眼を凝らしてもなかなか見つけることはできない。

と言うのも、「金の生る木」にあった鍵は現在、どこにあるのか特定できないのである。

奉納された当初、「金の生る木」の正面に神棚がそなえられ、そこに納められた、という。しかし戦後、神棚が消え、鍵はどこかへ移された。多分、大切に保管されてきたはずであるが、現在、どこにあるのか分からない。「金の生る木」の神棚に奉納されていたのは事実である。それが、いつの間にか、「金の生る木」にぶら下がっているという、そんなとんでもない噂がひそかに流れ、参拝者たちも眼を凝らして探している、というわけだ。

久能山に隠された御金蔵

「現在、久能山東照宮神職全員で探しています」

良知家の鍵の行方について久能山東照宮社務所に問い合わせたが、やはり、依然として所在不明である。

まあ、江戸時代から伝わる鍵も重要だが、その鍵を使うことのできる、久能山埋蔵金を隠した御金蔵のほうがもっと重要だろう。

しかしその御金蔵も、どこにあったのかはっきりとしない。

江戸時代、金銀鉱山などの詳しい情報は地図を含めて、他に漏らすことのできない機密事項だった。久能山につくった御金蔵は最高機密であろうから、久能山東照宮古文書などでも一言も触れてはいない。また、落合偉洲宮司以下、久能山東照宮神職の誰かに口伝で引き継がれてきたわけでもなさそうだ。

こちらの御金蔵も、どこにあったのかなど手掛かりはすべて消えている。「金の生る木」にぶら下がっていた良知家の鍵の所在が明らかになっても、御金蔵が見つからなければ、無用の長物である。それでも、もし、万が一、御金蔵が偶然でも見つかれば、いまでも、鍵として使える可能性は十分にあるのだろうか。

秘密を知るのは紀州の頼宣？

江戸時代、「久能金」を納めた御金蔵のありかをほんの少数、何人かだけは知っていた。

小説『影武者徳川家康』では、島左近の配下、甲斐の六郎のみが、この秘密を知っている。甲斐の六郎は、作者隆慶一郎氏の創作した架空の忍者である。

実際には、当時、「久能金」の秘密を知る立場にあったのは、家康の十男で、駿府城主だった頼宣ではなかったか。家康が亡くなった時、頼宣は十四歳であり、久能山東照宮社殿造営の総奉行を務めた。「久能金」に関わる家康との関係は最も深く、当然、家康から何らかの秘密を受け継いだ可能性は高い。

徳川頼宣（一六〇二〜一六七一）は家康六十歳の時に生まれた子供であり、二歳で、水戸二十万石（後に二十五万石）についた後、七歳の時、駿河・遠州の五十万石を家康から賜り、駿府城主となっている。頼宣は家康に寵愛され、大坂の陣でも家康に従い、出陣する。大坂の陣の恩賞に、駿府城主として、百万石への加増を頼宣に約束していたとされるが、その約束を果たすことができないまま、家康は亡くなった。

そうなると、待っていましたとばかりに、年の離れた兄である二代将軍秀忠は、十七歳に成長していた頼宣を、紀州・伊勢五十万五千石という京都、大坂に近いが、不便な地に移封してしまうのである。

東海道の拠点から南海の遠い地に、それも石高はほとんど変わらないところに移されたのだから、百万石を約束されていた頼宣には大きな不満が残ったはずである。

家康の裁定で、三代将軍についた秀忠の長男家光は、頼宣のたった二歳下であり、彼らはほぼ同じ時代を生きている。

一六五一年四月、徳川家光（一六〇四〜一六五一）は四十七歳で亡くなる。頼宣は、四十九歳であり、戦国の豪放磊落《らいらく》な気風を持ち、まだまだ鋭気盛んであった。家康が天下を取ったのが六十一歳なのだから、頼宣はまだまだ十分に若かった。幕府閣僚は、家光の長男で、まだ十歳の家綱を四代将軍に推挙するが、脳卒中による家光の突然の死去が各大名らに伝えられると、家綱が病弱で軽度の知的障害もあったことから、将軍の跡目で幕閣、有力大名の間でさまざまな思惑が広がっていた。

そんな中、家康の気質を最もよく受け継いだ頼宣が、跡目争いの渦中に入り込んだのである。

血みどろの天皇家の歴史をたどればよく分かるが、十歳の年端もいかない子供よりは、一時、家康の正当な血筋を誇る頼宣を担ぎ上げて、将軍職を継ぐよう画策する者たちがいてもおかしくない。頼宣は、血みどろを覚悟して、自ら将軍の跡目争いに加わったのだ。

これは、歴史上では、「慶安事件」、「慶安の変」と呼ばれ、由比正雪、丸橋忠弥を中心とした不満浪人たちの幕府転覆計画として知られる。幕府には、この事件について公式な報告書はなく、権力者の意向に沿った、作者不詳の『慶安太平記』と呼ばれる講談、実録物小説、芝居などが庶民の間に流布し、唯一の情報源となった。それがいつの間にか一人歩きして、歴史の事実のように混同されている。『慶安太平記』の粗筋は、正雪らが江戸の街に火を放ち、大混乱に乗じて江戸城を襲うという幕府転覆計画が未然に露顕し、一味全員が捕縛、処罰される、というものだ。

嘘で塗り固められた「慶安事件」

由比正雪らの幕府転覆計画を思わせるような、放火による江戸の大火災が慶安事件から六年後に起きている。

一六五七年正月十八日から二十日にかけて発生した「振袖火事」とも呼ばれる「明暦の大火」である。江戸の北と西、三カ所から出火、強い北西風にあおられ、江戸の町屋の半分以上を焼き尽くして、十万人以上が犠牲になるという江戸時代を通じても未曾有の大惨事である。江戸城にまで火は及び、本丸、二の丸、天守閣など幕府の屋台骨が焼失してしまった。

まさに、開府以来の大混乱が江戸の街に起きたのだが、『慶安太平記』に登場したような、幕府に不満を持つ浪人らが何らかの行動を起こしたという記録は見当たらない。江戸城本丸まで焼けてしまったのだから、当時、江戸中にあまたいた不満浪人らによる何らかの事件があってもおかしくないのだが、江戸の治安は何事もなく保たれている。

『慶安太平記』のような扇動する軍学者らがいなかったのではなく、幕府転覆を目指して不満浪人らが決起する時代は既に終わっていたのである。

考えてみてほしい。大坂冬の陣でさえ、徳川方二十万の軍勢に、豊臣方十二万が戦っている。それでも、圧倒的に徳川方の勝利であった。それが、たった五千人足らずの不満浪人を糾合《きゅうごう》したところで、幕府を倒せないことは、軍学者でなくても分かっていたはずである。また、幕府転覆計画という割には、正雪、忠弥ら逮捕者（処刑者）数は極めて少ないのである。

〝頼宣将軍〟への政治運動だった？

実際には、諸大名ら約三千人の門下生を持つ江戸第一流の軍学者、由比正雪らが陰の軍師となり、幕府閣僚への大きな影響力を背景に、頼宣を将軍職へ推挙するための政治運動を行っていたのだ。

〝頼宣将軍〟への根回しの過程で、正雪らの勢力は、まだ幼い家綱の後見人となる、家光の異母弟保科正之《ほしなまさゆき》（一六一一〜一六七二）、「知恵伊豆」と称された松平信綱（一五九六〜一六六二）ら、家光の時代から権力を握っていた幕府中枢に計画を知られ、彼らの怒りを買ってしまうのである。ついには、正雪らは不満浪人一党の首謀者とされ、幕府のつくったシナリオ「慶安事件」で倒幕を企てた反逆者として処理されていく。いつの間にか、幕府側に都合の良いように歴史は塗り替えられてしまった。

正雪ら一味を徹底的に抹殺することで、頼宣は将軍レースから完全に転落させられ、江戸で十年にも及ぶ軟禁状態に置かれてしまう。表面的には、そんなごたごたなどなかったように、家光が亡くなり四カ月、正雪の処刑から一カ月ほどして、めでたく、幕政に携わることのない幼将軍、四代徳川家綱（一六四一～一六八〇）が誕生する。

ところで、由比正雪（一六〇五～一六五一）とは、どんな人物だったのか。

正雪は一六〇五年、駿府城のほど近くにある、宮ヶ崎で紺屋を営む岡村弥右衛門の次男に生まれている。正雪誕生当時、家康六十三歳、頼宣三歳だった。正雪、頼宣ともに、幼少期を駿府で過ごし、その後、正雪は江戸へ、頼宣は紀州に移る。正雪は軍学者としての地位を築き、門下生三千人を数える、江戸第一の軍学者にまで登り詰める。

一六五一年、家光が亡くなる以前から、頼宣、正雪の関係は深くなっていたが、駿府の子供時代から二人に面識があったのかなど不明である。子供時代から仲好しだったとしたら、話はますますおもしろいのだが、史料は何も残っていない。

殺人罪で処罰された正雪

家康の遺産について最もよく知る立場にあった頼宣が「久能金」について、すべてを正雪に語った、ということになるのだろう。

だから正雪は、久能山に眠る三十万両(隆氏の説では、百二十五万両)とも言われる政治資金を手に入れるために、秘かに江戸から久能山を目指していた。『慶安太平記』では、正雪らは幕府の重要な軍事拠点である駿府城と久能山を乗っ取ろうとして駿府に向かったことになっている。正雪一行はたった十人前後だったとされ、駿府に同調者がいたとしても、それで駿府城、久能山を乗っ取ることなどできるはずもない。

実際には、正雪ら一行が駿府に入った途端、江戸より逃亡した殺人犯の手配書が回っていて、逮捕されてしまう。何の取り調べもなく、翌日には殺人犯として処刑されるのだ。正雪は「紀伊頼宣公より扶持を賜る者であり」などという書状を奉行所へ提出しているが、駿府奉行所代官は、その書状の詮議をすることもなく、正雪本人へも幕府転覆計画容疑での詳しい取り調べなどを行っていない。江戸で殺人に関わった正雪一味として、駿府にいた父、弟ら一族係累もすべて逮捕、処罰されてしまう。罪状には、幕府転覆計画などひと言もない。しかし、『慶安太平記』が編まれると、由比正雪、丸橋忠弥らは幕府転覆計画の首謀者として世間に知られることになる。

「慶安事件」そのものは、頼宣の野望を闇の中に葬り去るために、幕府がつくった巧妙なシナリオである。幕府中枢の保科正之、松平信綱らの打つ手が早かった、ということになる。

8代吉宗所用の紺糸威鎧《こんいとおどしよろい》

それでは、莫大な「久能金」を、いち早く、さまざまな諸大名らにばらまいて政治工作が順調に行われ、頼宣が絶好のタイミングで将軍職へ名乗りを上げたらどうなっていたのか。御三家筆頭、尾張家初代の徳川義直（一六〇〇～一六五〇）はその一年前に死去、弟で水戸家初代の徳川

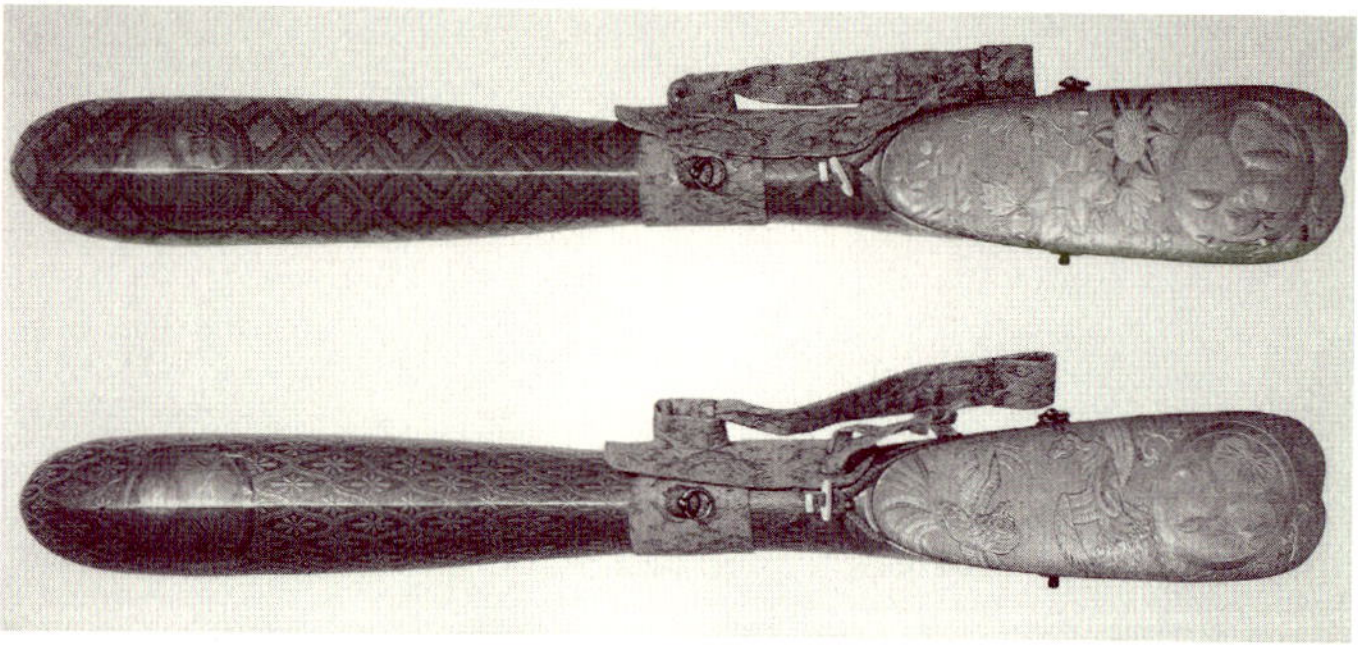

頼宣から４代家綱に贈られた塗空穂

頼房（一六〇三〜一六六一）は頼宣と近く、兄を尊敬していた。いずれも家康の子供であり、彼ら御三家の意向が強く反映され、戦国以来の諸大名たちへは「久能金」をばらまくという政治工作を進めていき、十歳の幼将軍を掌中に収めたい保科正之、松平信綱らに、頼宣、正雪らの動きを知られることがなかったならば、頼宣が四代将軍についた可能性もあった。

これは余談だが、頼宣の将軍への夢は、見事に打ち砕かれたが、頼宣の孫、紀州藩主吉宗が八代将軍になったのは、やはり、歴史の必然としか言いようがない。吉宗所用の甲冑五領、兜二頭などが久能山東照宮に現存する。

また、おもしろいことに、将軍家綱が疱瘡を患った際、頼宣が破魔弓、破魔矢として病気快癒を願って、贈ったとされる梨子地金蒔絵《なしごじがねまきえ》、鳳凰唐草文に三葉葵丸紋の塗空穂《ぬりうつぼ》も久能山東照宮に伝わっている。

「久能金」はどこかにある？

さて、再び「久能金」に戻ろう。正雪は、家康の指示で隠された御金蔵の場所を正確に知っていたはずである。久能山を目指したが、その途中で逮捕、処刑されてしまったのだから、いまも、「久能金」がどこかに埋もれている可能性を否定することはできない。

「やはり、『金の生る木』に何か手掛かりがあるのだろうか」

そう考えるのが、筋だろう。もう一度、「金の生る木」の前に立ってみよう。

「金の生る木」の前に立つと、なぜかそこだけ盆地の縁のように切り立った、周囲の大きな林が騒ぎ立てる。ここでは、家康が好んだとされる、霊峰富士を全く望むことができない。「金の生る木」に見守られているとはいえ、家康はどうして、死後の地を久能山に選んだのか。なぜ、こんなに寂しい山中の一角に埋葬しろ、と命じたのか。まずは、そんな疑問が浮かんでくる。

山岡荘八著『徳川家康』（講談社）には、家康は「久能山に西へ向けて葬れ」と、亡くなる十日ほど前に命じた、と書かれている。なぜ、「西」向きなのか。

その理由について、「わしは西をじっと睨みつづける……と、申すはまだ西が気にかかる……ずっと西には、南蛮もあれば、紅毛人の国もある。われらから侵す要はないが、侵されるようなことがあっては不覚の限り」などと述べているのだ。同著には、当時の覇権国スペイン、カトリック勢力を敵とする場面などは一切描かれていない。ただ、特攻隊の生き残りでもあった山岡荘八は、すべての戦乱の根には「強欲」があり、他国に自国の国旗を立てる植民地化の企みがあることを承知していた。だからこそ、「徳川家康」を通じて、「われらから侵略することはないが、侵略されてはならない」という、戒めとも覚悟とも取れる発言をさせたのである。

そう、家康の墓は他国から侵されることのないよう、「西」を睨み続け、戦う気概を見せつけるものだった。そしてそのために、何よりも、久能山という場所に埋葬を望んだのは家康自身であった。

日光へ遷座後に、巨大な宝塔造営

家康は一六一六年四月十七日午前十時頃に亡くなると、遺言通り、その日のうちに久能山に移された。降りしきる雨をついて、ほとんど人気のない、真っ暗な久能街道を通り、久能山まで遺骸が運ばれた。久能城での内輪の葬礼に続いて、木造檜皮葺《ひわだぶき》の宝塔が建てられた。

翌年一周忌の一カ月前に、家康の遺骸は、約千三百人の大行列を従えた金輿《かなごし》によって、日光山へ遷座されていく。久能山には、久能城を取り壊した後、幕府大工棟梁中井大和守正清によって、たった一年七カ月で、後に権現造りと称される本殿など十三棟がつくられている。一六一七年三月、家康の遺骸は掘り出されて、日光山に移されたはずであるから、墓には遺骸とは別の何か（家康の木像、遺品、鏡など）が埋葬されているのだろうか。

当然、「西」への睨みとなる墓そのものは、家康の魂魄とともに残される。

埋葬直後に創建された木造檜皮葺の墓は壊されることなく、そのままに大切に守られていく。

頑丈な鍵が付けられた家康の宝塔墓

しかし、家康が亡くなってから二十四年後の一六四〇年、三代将軍家光は、突如、木造檜皮葺の墓を取り壊して、小松石を使った巨大な宝塔に改装してしまう。当然、大掛かりな工事であったが、この改装についての記録は全く残されていない。

周囲の各辺約十二メートルという石造りの台座を持つ、巨大な宝塔が出来上がる。階段付きの高い石垣を張り巡らした広い台座の上に宝塔があり、台座入り口には鉄柵が設けられ、そこまで石の階段を登っていく。鉄柵の鍵を開けて、台座中央に進むと、石屋根の笠まで約五・五メートルもの高さがある大きな宝塔墓に向かい合う。宝塔扉にも頑丈な鍵が付けられている。大きな石の扉を左右に開ければ、宝塔の内部へ入ることはできるのだろう。しかし、宮司を含めて神職たちさえ扉を開けることはできても、内部の地下室へ入ることは禁じられている。

一六二三年、三代将軍に就任した家光は、一六三二年の家康の十七回忌に合わせて、日光東照宮の大造営を始めている。六年後、およそ百万両の費用を掛け、国宝陽明門などを有する、現在見られる豪壮華麗な日光東照宮が出来上がった。家光が巨費を投じて日光東照宮の大造営を行ったのは、祖父家康に対する崇敬の発露だと見られている。家光は生涯に十度の日光社参を行う。家光の日光への思い入れは非常に強く、だからこそ、陽明門を含めて社殿など絢爛豪華で壮大な造りとなった。ところが、家康の神霊を祀る宝塔墓は、九段の石段付き台座の上に青銅でつくられ、しかも、久能山東照宮の宝塔墓に比べて、三分の二の大きさである。世界遺産指定の建造物群に対し、肝心の宝塔墓のみが不可解なほど小さいと言える。

逆に言えば、遷座を終えた久能山に、なぜ、石造りの大きな宝塔墓をつくったのか、大きな疑問が残る。

そう、久能山に大きな石の台座を持つ、約五・五メートルという高さの宝塔墓をつくらなければならない理由があったのだ。

久能山頂上付近にある愛宕神社への参道

　久能山埋蔵金について知る立場にあったのは頼宣だけでなく、家光もその一人だったことを、忘れてはならない。家康の莫大な「久能金」のありかを、家光は探し続けていたのだ。頼宣を紀州へ遠ざけた後、久能山をくまなく探索できる立場にあった家光には、御金蔵を見つけることくらい難しい話ではない。

　多分、家康は、武田時代の久能城曲輪《くるわ》があった、現在も一般の人たちの出入りは禁じられている久能山頂上、愛宕神社辺りの隠れた場所に、御金蔵をつくるよう指示したのではないか。家光がそこにたどり着くのは、時間の問題である。御金蔵を守るために家康は久能山に埋葬することを命じたのだが、頼宣、家光ら後継者にそのありかを知られることは家康にとっても織り込み済みだったのだろう。

そして、「久能山御金蔵」に対して、家康の死後、最も近い情報源を持っていたのは、頼宣ではなく、家光だった。秀忠次男国松（忠長）との将軍後継争いで、春日局は焼津の良知家に滞在して、家康の来訪を待った。当然、当主の惣右衛門をはじめ良知家の人々と親しくつき合った。

将軍後継が正式に決まった後、家光は春日局とともに良知家を訪れ、家康と昵懇だった惣右衛門らに感謝の気持ちを伝えている。良知家と家光の深い関わりは記録に残る。惣右衛門には、家光に「久能山御金蔵」の鍵について話すことに何のためらいもなかっただろう。家光は将軍職を継ぐと、早速、久能山を探索させた。家康から頼宣へ伝えられた「久能金」を納める御金蔵のありかは、家光によって突き止められてしまう。

そして、家光は「久能金」を久能山から運び出さずに、その莫大な金銀を納める場所を探したのだ。

思わせぶりな天海の歌

家光が壮大な日光山東照宮を建造した後、なぜ、久能山東照宮のみに、これほど大掛かりな宝塔墓を建設させたのか、その答えも見えてくる。家康の遺骸は日光へ移され、久能山には家康の魂魄（木像や鏡など）が祀られているにすぎない。それであれば、「久能金」を保管できる大きな地下蔵をつくることにためらいはなかっただろう。そう考えれば、すべての謎が解ける。家康の宝塔墓であれば、万が一、その存在が知られたとしても、頼宣を含めて誰一人、手を出すことはできないからである。

元和三（一六一七）年四月十七日と刻まれている大きな青銅灯籠は宝塔正面にあり、宝塔への侵入を防ぐため何かのカラクリがあるように見える。家光は宝塔建設とともに、「久能金」を守る仕掛けをいくつか施したはずである。多分、家光が植えさせたであろう「金の生る木」にも、思いがけない仕掛けがあるのかもしれない。

日光山への大掛かりな遷座を指示したのは、天海《てんかい》（一五三六?〜一六四三）である。

家康の死後、その神号をめぐって天海と神道家の梵舜《ぼんしゅん》、崇伝の間で論争が生じた。梵舜、崇伝の「大明神」に対し「大権現」を主張した天海が勝利し、上洛して神号勅許を得ている。

家康は、そもそも久能山にその身体を葬れ、と指示したのであり、日光山への遷座を望んでいたわけではない。「一周忌を過ぎて後、日光山に小堂を建てて勧請《かんじょう》せよ」と命じた。「小堂を勧請せよ」とは、関東の鎮守となるため、ささやかな社を建て「分骨」せよ、と指示したにすぎない。家康は生前、日光を訪れたことはなく、死後、自分の遺体が日光に移されるなど考えてもいなかった。家康は、久能城を守る榊原内記昭久に「わが遺骨とともにわが魂魄は長く久能山にとどむべし」と述べている。ところが、家康の遺志に反して、久能山から日光山へ神廟そのものを遷座してしまった。

すべては、日光山中興の祖であり、第五十三世貫主だった天海によるものであり、周囲の反対を押し切ってまで、大々的な日光改葬を行ったのだ。天海は「あればある　なければなしと　するがなる　くのなき神の　宮うつしかな」という思わせぶりな歌を残している。

天海はなぜ、日光山への大掛かりな遷座を画策したのか。すべて、家光の指示を受け、「久能金」から目をそらさせるためのものであった。家光と深い関係にあった天海は悪役になることをいとわず、「久能金」のありかを疑う者たちから、その存在を隠してし

長い石段だけが久能山東照宮への道である

まったのである。
日光へ遷座した後、全国津々浦々にできた東照宮と同じように、警備は最小限にして、一般の人たちも気軽に参拝できるような神社にしてもよさそうだが、江戸時代を通じて、駿府奉行所直轄、懸崖絶壁《けんがいぜっぺき》の久能山東照宮へは正面階段一本しかなく、他からは決して入り込めぬよう厳重な警備が怠りなく続けられた。

さまざまな謎が家康の宝塔墓周辺にちりばめられている。「金の生る木」はしっかりと、その謎を見続けてきた。「久能金」はいまも家康の魂魄に守られている。そう思えば、「金の生る木」の有り難さもひとしおである。そして、いまも誰一人、手を出すことはできない。

老境の哀れを詠った家康

人の一生は重き荷物を負いて遠き道を行くがごとし。急ぐべからず、不自由を常と思えば不足なし、心にのぞみおこらば、困窮したる時を思い出すべし。堪忍は無事長久の基。怒りは敵と思え。勝つことばかり知りて負けることを知らざれば害その身に至る。己を責めて人を責めるな、及ばざるは過ぎたるよりまされり。

「東照公遺訓」として知られる家康の遺訓は、とても含蓄の深い、戒め調の言葉でできている。よく読めば、まるで「久能金」を探し出すことの無駄をたしなめているようだ。家康の遺訓は、水戸藩主徳川光圀（一六二八〜一七〇〇）の「人のいましめ」から引いた、後世の創作だと言われる。家光の四男、五代将軍綱吉（一六四六〜一七〇九）から光圀には、「久能金」の謎は伝わっていたのであろうか。

ところで、こちらはあまり知られていないが、実際に、晩年の家康がつくったとされる歌が残っている。

目は霞《かすみ》　耳は蟬《せみ》なく　歯は落ちて　雪をいただく　年の暮かな　（『校合雑記』四）

目は霞（春）、耳は蟬なく（夏）、歯（葉）は落ちて（秋）、雪をいただく年の暮れかな（冬）。含蓄も戒めもなく、四季に寄せて、ただただ老境の哀れを詠っている。目は白内障のせいかはっきりと見えなくなり、耳は老人性の耳鳴りが絶えない。秋の枯れ葉のように歯はすっかりと抜け落ちてしまい、頭も真っ白となって人生の冬を迎えているのだ。家康もごくふつうの老人だったことがよく分かる。残念ながら、家康が老境の哀れを詠《よ》んだのはいくつの時か分かっていない。家康にとって、死後に残す莫大な金銀など全く関係ないことが分かる。

加藤清正四十九歳、黒田長政五十五歳、前田利家六十一歳、上杉景勝六十八歳、それぞれが亡くなった年齢である。家康とほぼ同じ時代を生きた武将たちも、それなりに老境に達して、みなあっさりと亡くなってしまった。

趣味を楽しんだ家康

ところが、家康は他の武将たちとは違い、実際は六十歳を過ぎてからも非常に元気だったようだ。

一六一〇年七月、家康は駿府城の東に当たる瀬名川で泳ぎを楽しんだ、という記録が残っている。当時、六十八歳である。さらに、一六一一年八月には駿府城内で火縄銃を使い、櫓《やぐら》上の鳶《とび》を仕留めたという記録もある。火縄銃は非常に重く、その操作は決して簡単なものではない。この時、六十九歳ということになる。亡くなる年の正月にも、鷹狩りを楽しんだ。

家康は鷹狩り、馬術、水練、囲碁・将棋とともに、『論語』『史記』『貞観政要』などの講義や読書を趣味とした。また駿府では、世界に先駆けて喫煙禁止令を出している。駿府城焼失が火の不始末だったことに由来している、とされるが、家康は喫煙も好まなかったようだ。ますます健康であったことがうかがわれる。

目は霞　耳は蟬なく　歯は落ちて　雪をいたたく　年の暮かな

家康の愛馬「白石」の墓

この歌を素直に読み解けば、家康が最も「強欲」だったのは、金銀では買うことのできない、自分自身の健康についてだったことが見えてくる。どんなに金銀を積んでも、健康だけは買うことはできない。そのために、わざわざ老境の哀れを詠むのである。この老境を戒めにして、実際の家康は六十歳を越えてからも元気老人そのものだった。

「強欲」家康をみならう

七十四歳という、現在では百歳以上に相当する年齢まで趣味を楽しみ、健康で生き抜いた家康の生涯は、「強欲」の限りを尽くしたのである。足腰を鍛えるために、大坪流の馬術に優れた家康は、久能山まで馬を駆ったのであろう。家康の大きな宝塔墓の裏側に回ってみれば、愛馬「白石」の墓を発見できる。家康が亡くなった直後、愛馬「白石」は久能山下まで駆けてきて力尽きた、という。

そこから、生前の家康は徒歩で久能城に登っている。自分自身の埋葬場所だけでなく、「久能金」を隠すための御金蔵の場所を決めたのも、家康なのだろう。しかし、いまや「久能金」は家康の霊とともに「金の生る木」に見守られて、宝塔墓の地下深くに眠るのだろう。ただ、「狸おやじ」家康のこと、「久能金」が果たして莫大な量の金銀であったかどうかは疑わしい。

さあ、あなたも家康の墓に手を合わせたら、「金の生る木」の前で、大きく息を吸い込んでみればいい。

家康の「強欲」狸術にあやかり、お金はほどほどでも、健康に恵まれて、生涯現役で仕事に、また、多彩な趣味を楽しむ老後を送ることができるよう拝んでみたらよい。家康は莫大な資産を残したが、個人のためではなく、約二百七十年幕府を支えるために必要だった。そしていまも、ここを訪れるみなさんに、「久能山埋蔵金伝説」という夢を

久能山石段から駿河湾を眺める

与え続けているのだ。
　あなたは何のために「強欲」になれるのか。家康の墓を訪れ、「金の生る木」に向かえば、いろいろな知恵が生まれてくる。とりあえず、「金の生る木」に向かうためには、ぜひ、駿河湾を望みながら、久能山をゆっくりと歩いて登ることをおすすめする。

第五章 頑固

「頑固」と名指ししたのは和辻哲郎

まず、「頑固おやじ」というだけならば、世間に存在する。たとえば、先代親方からの技量をそのままに受け継ぎ、歴史的な伝統を重んじる一流の職人世界では、「頑固」を看板にしている人は数多い。ただ、それは、「頑固」の意味をはき違えている場合も多いだろう。

「頑固」とは、「頑迷固陋《がんめいころう》」の人のことである。こういう人は、見聞が狭く、古いことに執着して、新しいものを徹底的に嫌う。さらに、かたくなで世間の常識を嫌い、正しい判断ができないときている。確かに、こんな人でも一定の分野で、素晴らしい仕事をする例が見られるだろう。狭い世界の中で、「頑固一徹」を気取るならいいが、大きな組織、それも国を率いる立場で、こんな人がトップリーダーとして指揮することになったら、これは、不幸この上ないだろう。

まさしく、そんな意味で家康を「頑固」と名指ししたのは日本を代表する知識人、和辻哲郎（一八八九〜一九六〇）である。

『古寺巡礼』『風土』『日本精神史研究』などの著書で知られ、京大、東大教授などを務めた著名な哲学者、倫理思想学者である。戦前、戦後日本の哲学、倫理学、思想史界をリードしたのが和辻であり、和辻に「頑固」という太鼓判を押されてしまえば、その他大勢、ほとんどの学者たちは否定や反論はできなかっただろう。「和辻哲郎」というビッグネームは、いわゆる知識人たちに多大の影響力を持ち、現在でも『古寺巡礼』『風土』などの著作はよく読まれ、その影響力は全く衰えていない。和辻直々のご指名によって、「頑固＝家康」という見方が一般に広く浸透してしまったのである。

一九五〇年発刊、読売文学賞を受けた著書『鎖国——日本の悲劇』（筑摩書房）で、和辻は「家康は保守運動を着実に遂行した人である。彼はそのために一度破壊された伝統を復興し、仏教と儒教とをこの保守的運動の基礎づけとして用いた」と述べている。

「保守運動」とは分かりにくいが、古いことに執着して、新しいものを嫌った、ということのようだ。

さらに、「国内の支配権を確保するために国際関係を犠牲にして顧みなかった軍人だ」と厳しく批判している。この「国際関係」はポルトガル、スペインとの関係を指している。まさしく、家康がポルトガル、スペインとの関係を断絶しようとしたのは事実であるから、これには反論のしようはない。

「林羅山のような固陋な学者の思想を時代の思想精神に置いたため、当時、日本の新しい創造を阻害して西洋的な合理性を遠ざけてしまった」などと結論づけ、和辻から見れば、家康こそは「頑迷固陋」の典型、すなわち、日本へ不幸をもたらした「頑固」リーダーであると断じたのだ。

「鎖国」は悲劇の元凶だった

同書は「日本の悲劇」という副題からも、徳川時代を象徴する「鎖国」政策へ導いた家康を真っ向から否定している。どちらかと言えば、ルイス・フロイスらイエズス会宣教師から高い評価を受けた織田信長を肯定的に描いている。

家康は一六一四年にキリスト教禁令を発布、ポルトガル、スペインから派遣されたイエズス会、フランシスコ会などの宣教師を追放し、キリシタンを厳しく取り締まった。和辻は、金地院崇伝が「キリシタンは日本の神仏の敵であり、急いで禁止しなければ国家に害があるだろう」と主張したことに対して、「その与える印象は、宗派的な偏執と陰惨な憎悪を与える」と苦言を呈して、キリスト教禁令は家康の間違った施策だと結論づけた。和辻がそう結論したのだから、ほとんどの日本人はキリスト教を否定して、「鎖国」へ舵を切った徳川時代は、ひどい暗黒の時代だと思い込んでもおかしくないだろう。

「家康の頭脳とされる崇伝は理性的な態度を持っていなかった」とまるで馬鹿者扱いである。「家康の禁教令は、新しい時代の流れを、故意に古い軌道へ帰すことであり、純然たる保守的運動」と、こちらもまさに「頑迷固陋」の定義通りである。「日本の新しい創造を阻害して西洋的な合理性を遠ざけた」家康は、日本を不幸のどん底に陥れた張本人だったらしい。もし、リーダーが家康でなければ、日本は「幸福の国」になっていたというのが、和辻の家康に対する見方のようだ。

現在でも、和辻の影響力が大きく、多くの人々の、家康に対する見方、考え方は和辻

発見された火縄銃11丁

に右へならえとなっている。「狸おやじ」として嫌われている原因もそんなところにあるのだろう。「新しい創造を阻害して西洋的な合理性を遠ざけた」と和辻は言っている。本当に、家康はそんな人物だったのか、もう一度見直してみたい。

神庫で見つかった十一丁の鉄砲

二〇〇八年秋、久能山東照宮神庫（重要文化財建造物）の片隅から、錆びて使えなくなった火縄銃十一丁が発見された。

「幕末、朝敵となった家康公を祀る久能山東照宮へ、勤王倒幕を名乗る一団の攻撃があるとして、その攻撃を神職らが迎え撃つために火縄銃が集められた。幸い、いわれなき攻撃はなく、長い間、火縄銃はそのまま神庫に放りっぱなしになっていた」と、経験豊富な神職の一人がその由来を説明してくれた。

十二丁もの火縄銃発見はニュースなのだろうが、その価値がはっきりしない。それで、戦国時代を象徴する火縄銃、すなわち「鉄砲」について、少し調べてみた。そうすると、意外な事実が明らかになった。現在、戦国時代に使われた火縄銃はほとんど存在していない、というのだ。

驚くべきことに、一六〇〇年当時、世界最大の銃撃戦と言われる関ヶ原の戦いで使用された膨大な数の火縄銃は一丁も残っていない、という。当然、長篠の戦い、小牧・長久手の戦いなど関ヶ原以前に使われた火縄銃も存在しない。一五四四年、種子島で製作の国産第一号として現存していた火縄銃は、銃身に刻まれた鍛冶銘から、実は、二百年以上を経た、安永年間（一七七二〜一七八一）のものだと分かっている。

何の根拠もなかったのだが、もしかしたら、神庫で発見された火縄銃は関ヶ原の戦いで使われた、非常に価値の高いものかもしれない。そんな予感を私は勝手に抱いた。

「神庫の火縄銃は、江戸末期のものでそんなに高い価値はない」

何度も神職からそう聞かされたが、錆びて緑青《ろくしょう》が出ている、古びた十一丁の火縄銃を見ていて、わずかな期待に胸を膨らませた。ところが、調べてもらうにも、刀剣と比べて、火縄銃の専門家は少ないようで、近くの博物館などを当たっても、専門家や研究者など一人もいないのだ。この分野の専門家を探すこと自体、非常に難しいことが分かった。図書館などに通い、さまざまな情報を集めた。

そしてとうとう、テレビ東京の人気番組「開運！なんでも鑑定団」に登場する火縄銃鑑定士澤田平さんにたどり着くことができた。澤田さんは、アカデミズムの世界ではなく、長年、在野で火縄銃の研究に独自に取り組んできた。堺鉄砲研究会、大阪城鉄砲隊を指導して、火縄銃のことなら誰よりも詳しいということが分かった。早速、大阪市在住の澤田さんに連絡を取った。

久能山を守る歴史的価値とは？

「家康公ゆかりの久能山で発見された火縄銃ならば、すぐにでも見てみたい」

澤田さんは快く、私の依頼を引き受けてくれた。いくつかの交渉の結果、何と、テレビ番組内で、十一丁の火縄銃を調べてもらえるよう話が進んだ。

二〇一一年八月、「開運！なんでも鑑定団」の中で、「久能山東照宮特集」を組んでくれたのだ。澤田さんを含めた二人の鑑定士による出張鑑定が、久能山東照宮で行われた。発見された火縄銃十一丁のほか、家康直筆とされる水墨画、五代将軍綱吉直筆の屛風絵など久能山東照宮博物館の所蔵品五点を鑑定する、二十分ほどの特別コーナーに仕立ててくれた。

期待の火縄銃十一丁について、澤田さんは「堺でつくられた軍用銃に間違いない。関ヶ原以降のものだが、鍛冶銘から、寛永時代（一六二四～一六四四）までの江戸初期に製作されたことは確実である。久能山東照宮の警備に当たった、駿府奉行所の与力が使ったのではないか。家康公の眠る久能山を守ってきた、という歴史的な価値を考えれば、一般の市場に出ている火縄銃の倍程度の値段になる」など火縄銃の由来、鑑定根拠を明らかにしてくれた。

関ヶ原の戦いで使用された古い火縄銃ではなかったが、鑑定額は十一丁合計六百万円とはじき出してくれた。一丁六十万円弱ではあるが、他の火縄銃に比べたら、値段も非常に高いようだ。そもそも刀剣に比べて、火縄銃の相場の値段ははるかに安いらしい。

それでも、澤田さんによって、どのような由来かがはっきりしたのだ。現在、神庫で発見された火縄銃十一丁のうち、三丁が久能山東照宮博物館で展示されている。

関ヶ原の戦いの中心となった大量の火縄銃は、江戸時代になると急速に失われていき、当時の火縄銃が一丁も現存していない、という。それはなぜか、という疑問は残ったままであった。

鉄砲で勝利した家康の初陣

久能山東照宮博物館には、十八歳の家康が、尾張の清洲城攻略を目指す、駿府の今川義元方の武将として着用した「金陀美具足《きんだみ》」（国の重要文化財）が収蔵されている。

一五六〇年五月十九日明け方、家康（当時は松平元康と名乗る）は約二千の兵を率いて、織田信長の丸根砦を総攻撃する。丸根砦は沓掛《くつかけ》から桶狭間《おけはざま》を経て、大高城に至る道路を見下ろす位置にあった。そのまま放置して進撃すれば、取り残された丸根砦から今川義元本隊に思わぬ攻撃を受ける恐れがあった。「邪魔な砦はつぶしてしまえ」というのが、義元の指示だった。

丸根砦を守るのは、千弱の兵を指揮する織田方の重臣佐久間盛重である。明け方、家康は相手に気取られぬよう攻撃を仕掛ける。盛重は砦を完全に締め切り、万全の防備を敷いていた。当然、家康の攻撃を予期して弓矢などで奮戦する。膠着状態が続くと、盛重は家康側の劣勢を見て、砦から打って出て突撃を指示する。

突然の総攻撃に、家康の本隊はずるずると後退していく。家康ら先鋒の後ろに、わずかの数ではあるが、鉄砲隊が用意されていたのである。佐久間隊に向けて、鉄砲隊が攻撃を加えた。運良く、一発の銃弾が盛重に命中、馬から転落する。それを見て、すぐさま手負いの盛重に向かい、家康の家臣団が集中した。盛重は逃げることかなわず、生命を落とした。

敵方の大将首が振り回されると、家康軍は総攻撃に転じる。家康側の勢いに、織田方は総崩れとなってしまう。家康は砦内に突入、丸根砦に火を放ち、佐久間隊を撃破して、勝利を収める。

この戦いに、家康は「金陀美具足」を着用したと伝えられる。『信長公記』では「朱武者」として描かれ、初めての勝利を収めた家康の戦いぶりを簡単に紹介している。

一発の銃弾が戦局を逆転させた

桶狭間に陣を構えた本隊の今川義元は、家康勝利の報告に大喜びする。家康には、大高城に入り、ゆっくりと休養するように命じた。

　その半日後、雨の中、信長の騎馬隊が今川本隊目掛けて奇襲攻撃を行う。佐久間盛重同様に、今川義元（一五一九〜一五六〇）もあっけなく生命を落としてしまう。二万五千の今川軍に対して、四千の織田軍が奇襲攻撃で破ったとされる、歴史に名高い桶狭間の戦いである。緒戦の勝利で、今川方が油断したことが敗因と伝えられている。

　ただ、欧米の戦史研究家たちの間では、一五六〇年に日本でも鉄砲が本格的に使われた戦いとして、桶狭間の戦いではなく、丸根砦の戦いが注目されている。一発の銃弾が戦局を逆転させてしまったのである。一五四三年、ポルトガル人から種子島に二丁の鉄砲が伝えられてから、初めて鉄砲が主役となった戦い、という評価

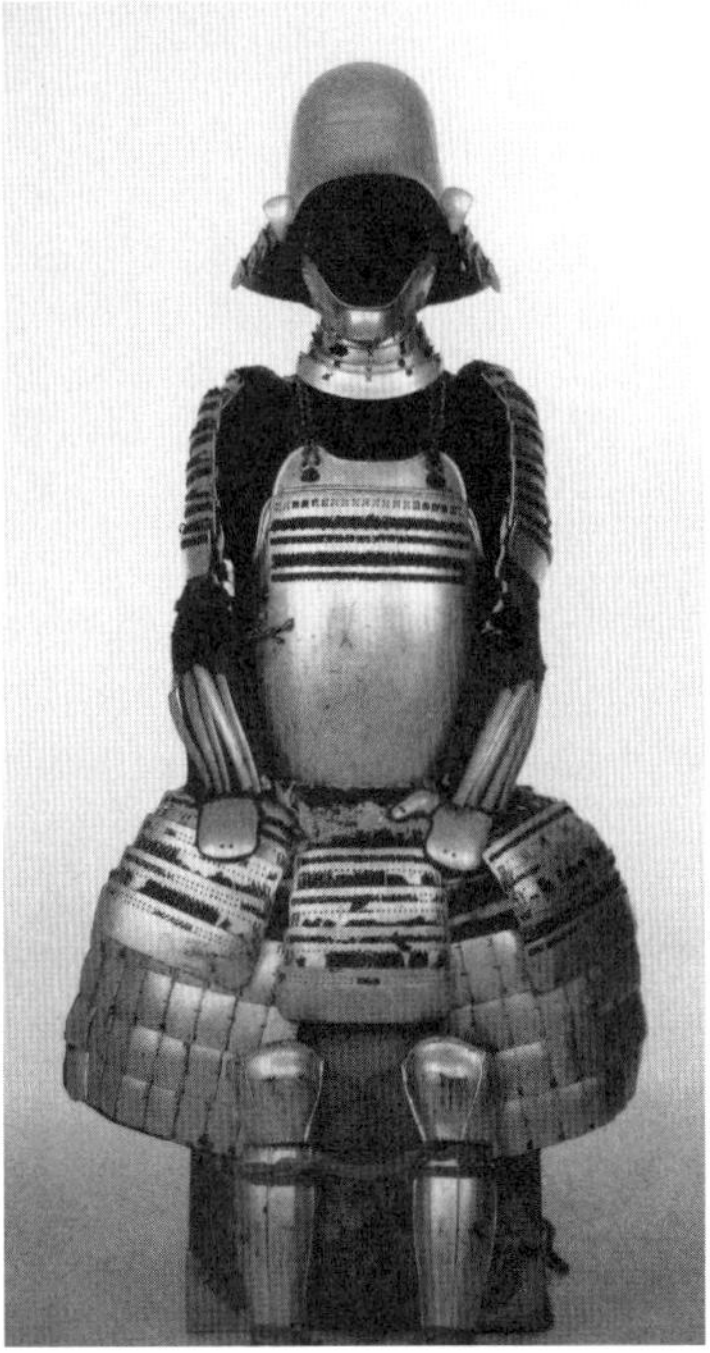
家康所用の金陀美具足（国の重要文化財）

が与えられているのだ。

伝来した鉄砲は、種子島家ですぐにコピー生産が始まる。その後、新式の武器は鹿児島の島津家に伝わり、さらに京、大坂へ伝播していく。十七年後、駿府の今川方として出陣した家康軍に、どのくらいの鉄砲が伝わっていたのか明らかではないが、数は非常に少なかったはずである。しかし、家康は鉄砲の威力を十分に知ることにはなった。

長篠の戦いで大量殺戮兵器に

そして、一五七五年五月、三十三歳の家康は、八つ年上の信長と連合軍を結成、長篠で武田勝頼の軍勢と戦うことになった。

武田軍の鉄砲約四百丁、家康・信長連合軍は、その九倍、約三千五百丁の鉄砲で迎え撃った。家康・信長連合軍は鉄砲隊を三つに分けて、長さ約三キロの竹の三重柵の防御ラインをつくり、時間が掛かるとされる銃弾の詰め替えを交替で行わせる戦法を編み出した。襲いかかるスピードに乗った武田騎馬隊でも、鉄砲隊の一斉射撃で次々と倒れていった。スピードに乗っていただけに、馬から振り落とされて落命する者も続出した。武田騎馬隊は、連合軍の鉄砲隊による防御ラインを打ち崩すことができなかった。火縄銃の発砲までに掛かる時間を、三分隊に分けることで勝利につなげたのだ。

当時の鉄砲は、雨中では火縄が消えてしまい、使いものにならないなどの難点を抱えていたが、火縄銃の集中攻撃は、これまでの戦い方を一変させてしまうことを長篠合戦で全国に知らしめた。

また長篠合戦は、足軽たちの鉄砲隊を戦いの主役にし、刀剣弓矢、乗馬という武士たちの鍛錬による最大の武器を時代遅れのものにしてしまった。この戦いの死者は約一万六千人にも上り、ほとんどが武田方であった、とされる。大量殺戮兵器・鉄砲が、戦国の戦いで主役に躍り出たのである。


しかし、連合軍の総大将、信長は家康ほどに、鉄砲の威力を信じていたわけではなかった。実際には、信長は鉄砲が大嫌いだったのだ。

「近頃鉄砲が大流行だが、弓矢、刀、槍などすべてそれなりに利点がある。しかし、戦場で最も頼れる武器は槍である」。ことあるごとに信長はそう言い続けた。足軽たちが軽々と操作する鉄砲に嫌悪と懐疑を持ち続けたのである。

鉄砲は卑怯で醜悪な武器

なぜ、信長は鉄砲に嫌悪感を持ったのだろうか。その答えは、家康とほぼ同時代、イギリスで活躍したシェークスピア（一五六四～一六一六）の戯曲『ヘンリー四世』の中で、日本の武士に当たる騎士《ナイト》が口にしている。

あわれ、立派な勇士たちが、ごろごろ、卑怯な飛び道具で生命を落とさねばならぬ、なんという遺憾、……こんな下等な鉄砲なんてものさえなけりゃ、拙者だとても立派な軍人になっていたろうに。

（『ヘンリー四世』中野好夫訳、岩波文庫）

若いイギリス貴族が、大砲、鉄砲のために戦争はひどく醜悪なものになった、騎士として活躍はできない時代だ、と嘆く。信長も同じことを考えていたのだろう。卑怯な飛び道具、鉄砲への嫌悪感。信長だけでなく、日本、西欧でも、すべての武士（騎士）階級は同じ嫌悪感を持っていた。日本では、鉄砲を持つのは武士ではなく、郷士や地侍上がりの足軽たちだった。農民出身者も多くいただろう。鉄砲を持つ農民が、長年鍛錬を続けてきた最強の武士をたやすく撃ち殺すのである。

長篠合戦で、大量の鉄砲による攻撃を進言したのは家康であり、家康は一発の銃弾で戦局を決めた丸根砦の戦いによって、生涯、卑怯な武器・鉄砲を戦法の中心に置いた。

一方、織田信長は戦いに勝利することを望んだが、最期まで鉄砲は卑怯な武器であると考えていた。

一五八二年、京都・本能寺。鉄砲に頼ることのなかった信長は自らの死を招く。

明智光秀（一五二六〜一五八二）の夜襲を知ると、まず弓で応戦するが、弦が切れた後、最も頼れる武器・槍で戦っている。明智側によるめくら撃ちの銃弾で左腕が撃ち抜かれると、本能寺で信長は自害するしかなかった。

信長は、桶狭間の戦いで直接、長槍を片手に、今川本陣に切り込む捨て身の奇襲攻撃で勝利を得た。桶狭間の戦いで得た幸運な勝利こそが、生涯、真っ向勝負を挑むサムライ、信長の戦法を決めてしまった。

鉄砲に対抗する南蛮甲冑

家康は卑怯で醜悪な武器・鉄砲に頼り、戦いの主役は鉄砲であるという信念を持ち続けた。

一六〇〇年の関ヶ原の戦いよりほぼ半年前、家康は、オランダ船リーフデ号で大分の臼杵海岸に漂着したイギリス人ウイリアム・アダムスを大坂城に呼び寄せる。難破したリーフデ号も堺港に曳航される。その積荷には、大砲十九門をはじめとする武器、砲弾、火薬類など大量の火器類があった。さらに、鋼鉄製の西洋甲冑も積み込まれていた。

家康は鋼鉄製の西洋甲冑に強い関心を示す。アダムスは「鉄砲の弾に当たっても、西洋甲冑ならば大丈夫だ」と説明する。西洋兜は大切な頭を守り、兜、鎧の前胴には中央の胸当を鋭角とする鎬《しのぎ》が施され、鉛弾を横にそらす効果があった。万が一、鉛弾が当たっても穴はできるが、日本の甲冑のように貫通することはなかった。

家康は西洋甲冑を身につけるが、これでは重くて動きが悪いことが分かる。平地ではなく、起伏に富んだ山野での戦いが多い日本では、軽くて動きやすい日本の甲冑のほうが優れているのだ。アダムスとの出会いによって、大切な頭を防護する西洋兜、弾をそらす鎬を持つ頑丈な前胴のみを使い、足、腕、腰の部分などは日本の甲冑とする和洋折衷の新しい甲冑の開発につながる。これは現在、「南蛮甲冑」と呼ばれている。

家康が着用したとされる南蛮甲冑は、日光東照宮、紀州東照宮に現存している。いずれかの甲冑を関ヶ原の戦いで着用したとされるが、確証はない。また、関ヶ原の戦いを前に、豊臣恩顧の有力大名黒田長政、福島正則、加藤嘉明らに、家康は自分の身を守るよう南蛮甲冑を贈っている。関ヶ原の戦いに着用したとされ、歯朶《しだ》の前立、銃弾をそらす鎬が施された、黒田長政の南蛮兜は福岡市博物館に現存している。

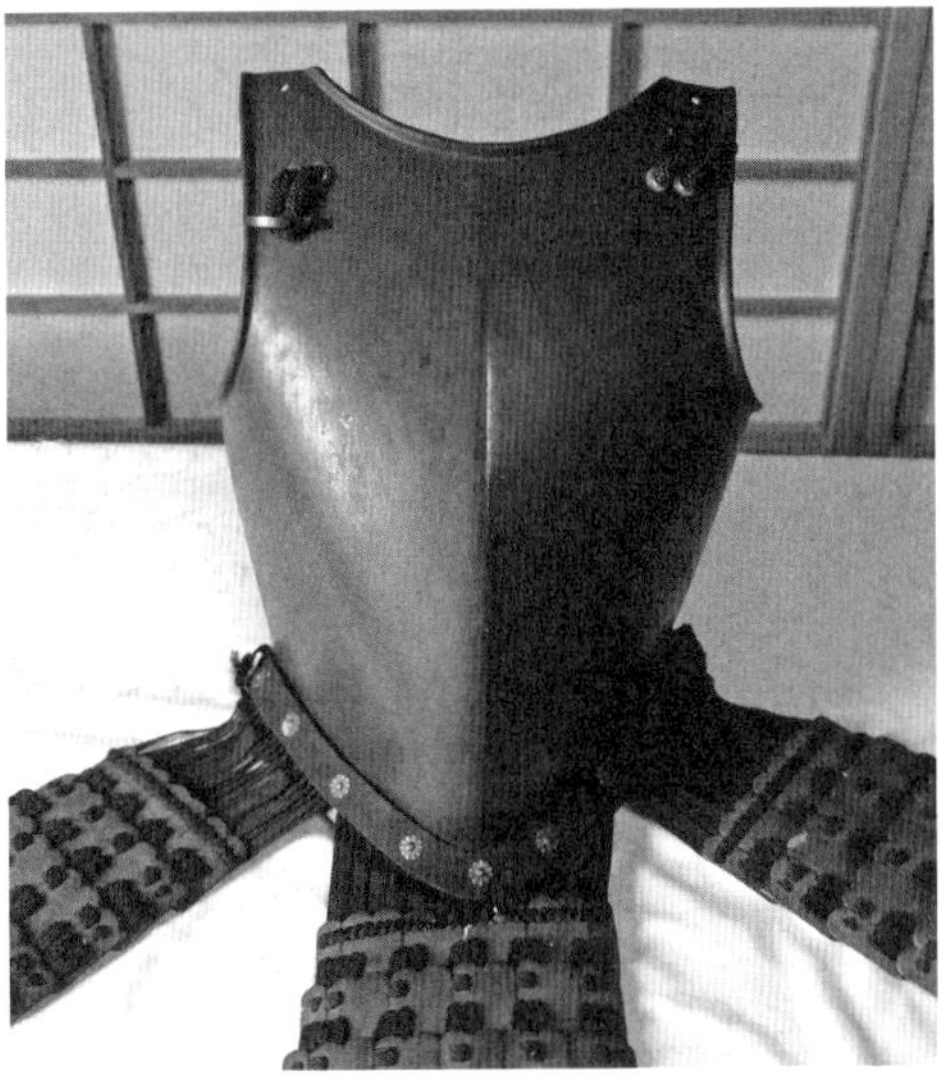

南蛮甲冑の前胴。真ん中に鎬《しのぎ》がある

勝利に導くための武器・鉄砲

リーフデ号の積荷を家康は五万両で購入し、アダムスらを厚遇する。関ヶ原の戦いは当時、世界でも例のない大規模な銃撃戦だったと言われる。

リーフデ号からもたらされた膨大な数の鉄砲、火薬類だけでなく、それまでに国友、堺などで製造させた多くの鉄砲が関ヶ原で使用された。さらに、南蛮甲冑と呼ばれる新しい武具を、鉄

黒田長政の南蛮兜（福岡市博物館所蔵）

砲の鉛弾を防ぐために家康らは着用したのである。家康は卑怯な武器・鉄砲を中心とした戦いこそが、勝利に導くと確信していた。

刀剣、槍に「武士の魂」が込められていたとしても、足軽たちによる鉄砲にかなうはずはなかった。至極当然だが、誇り高いサムライたちは、家康のような合理的な精神を持つことができず、みすみす生命を失った。

家康はアダムスを外交顧問に任じて、スペインとの交渉を行わせ、それが不調に終わると、イギリス、オランダから大量の鉄砲、火薬類の確保を求めた。「十六世紀末の日本には、世界のどの国よりも大量の鉄砲が存在した」と火縄銃の専門家、澤田平さんは断言する。

一六一四年の大坂冬の陣を前に、イギリス、オランダから大型鉄砲、弾薬などをできる限り集めた。その大量の火器類を使い、難攻不落と言われた大坂城を攻撃している。スペインのフランシスコ会宣教師アポロナリオは「大坂城にいた十二万人以上の軍勢が家康の攻撃であっという間に壊滅した」と証言する。いかに、家康の大砲、鉄砲による攻撃がすさまじかったかを伝えている。

家康愛用の火縄銃の玉入れ・火薬入れ

名人清尭の火縄銃二丁

家康が信長と全く違うのは、武士でありながら、火縄銃を上手に扱うことができたことである。家康にとって、最強の武器は槍ではなく、鉄砲であった。

一六〇五年、駿府に移り住んだ家康は、三河出身の江戸鉄砲鍛冶、清尭《きよたか》を呼び寄せ、火縄銃を製造させている。久能山東照宮博物館には、名人と呼ばれた清尭の火縄銃二丁が現存し、家康関連の歴史資料として国の重要文化財に指定されている。玉入れ、火薬入れ、火縄、間縄、胴乱など火縄銃付属品が一式そろっている（口絵ⅳページ、203ページ）。

そのうち、火縄銃一丁が、二〇一一年夏の「テレビ鑑定団」出張鑑定に登場した。鑑定士澤田平さんは即座に「三千万円」という破格の鑑定額を付けている。これは家康が、その火縄銃を実際に使った、と考えたからである。

家康は、細川忠興に仕えていた鉄砲名人、稲冨一夢《いなとみいちむ》を砲術指南役として召し抱えている。一五九五年『稲冨流鉄砲伝書』が著され、一六〇七年に、その改訂版が駿府で出されている。日本中で、鉄砲に対する関心が最も高まっていた時代である。

家康が駿府城内で火縄銃を撃ち、櫓上の鳶《とび》を仕留めたという記録が残っている。当時、家康は六十九歳だった。名人清尭の火縄銃の中でも、尺長の非常に重いものを好んだ家康は、鍛えられた大力を発揮して、稲冨流直伝の射撃術を度々、披露しているのだ。

久能山東照宮博物館に現存する火縄銃を家康が実際に使った、という可能性は非常に高い。

鉄砲から刀剣の時代に逆戻り

ところが、『稲富流鉄砲伝書』が駿府で再版された一六〇七年、家康は〝鉄砲狩り〟（鉄砲の幕府管理）を始めている。

その年、近江国友の鉄砲鍛冶年寄四人が駿府に召し出された。家康は、鉄砲は幕府の許可の下に製造可能とする旨を申し伝えている。国友の鉄砲鍛冶に苗字帯刀を許す代わりに、各藩などから鉄砲の注文を受けるには、まず、幕府に届けを出すよう命じた。

当然、幕府は各藩からの鉄砲製造を許可せず、国友の鉄砲鍛冶は、幕府からの仕事を請けるだけで、それまでに比べて、仕事は極端に減っていくことになる。結局、国友の鉄砲鍛冶は昔ながらの刀鍛冶に戻るしかなかった。

名人清尭も苗字帯刀を許され、野田姓を名乗った。久能山東照宮博物館に残る清尭作の火縄銃には、「日本清尭」とあり、製作当時は苗字を許されていなかった。家康の死後、清尭は江戸に戻り、鉄砲鍛冶から刀鍛冶となってしまう。

江戸の身分制度では、武士でない者が苗字帯刀を許されるのは、最大の栄誉とされた。

鉄砲を所持することは狩猟を行う、身分の低い者たちでも許されていた。国友の鉄砲鍛冶が受けた栄誉は、皮肉なことに、「鉄砲を捨て、刀の世界に戻れ」という合図のようなものだった。海外からの輸入も禁止され、鉄砲鍛冶がいなくなれば、鉄砲の量は少なくなり、再び、刀剣弓矢の時代へ戻るしかなかった。そして、その通りになってしまう。

一六二三年、大坂の陣と呼ばれた国内戦争の終わった日本では商売にならないと、イギリスは平戸の商館をたたみ、日本から撤退する。江戸時代を通じて、鉄砲が主役となる戦いは、一六三七年の島原の乱を最後に、幕末までの二百三十年間きれいさっぱりとなくなり、信長が望んだように、武士階級は昔ながらの槍や剣術修業に邁進する幸福な時代が訪れる。関ヶ原の戦いで使われた鉄砲が一丁も現存していないのは、家康の〝鉄砲狩り〟で鉄砲そのものが一掃されてしまったからである。

核兵器廃絶に匹敵の快挙

戦国時代、鉄砲の大量生産に成功し、世界最多の鉄砲を保有する国だった日本で、家康が天下を取ると〝鉄砲狩り〟が始まった。そして、家康の亡くなった後、大量にあった鉄砲はきれいに消えてなくなる。江戸時代は、過去の武器だった刀剣弓矢がもう一度、主役に戻っていった。大坂の陣までは世界最大の軍事大国だった日本は、家康の亡くなった後、大幅な軍縮を進めていき、大量殺戮兵器・鉄砲が一掃された平和な時代を迎えている。

軍事、戦略の歴史においては非常に珍しい事例であり、江戸時代は世界中で最も安定した平和な時代（パックス・トクガワーナ）と、欧米の研究者らは高く評価している。

なかでも、朝鮮戦争当時、日本を訪れた経験を持つアメリカ人の英米文学者ノエル・ペリン氏が一九七九年に発表した著書『鉄砲を捨てた日本人――日本史に学ぶ軍縮』（川勝平太訳、中央公論社）は、家康の〝鉄砲狩り〟を高く評価して、大きな話題を呼んだ。ペリン氏は「鉄砲からの撤退という日本の歴史は、核兵器廃絶に匹敵する未曾有の快挙であり、全世界が見習うべき模範だ」と絶賛している。

余談だが、「核兵器廃絶を目指そう」と唱え、ノーベル平和賞が与えられたアメリカのバラク・オバマ大統領は、この『鉄砲を捨てた日本人』を読まれたのだろうか。当然、ノーベル平和賞に値するためには、「核兵器廃絶を目指そう」というアピールから、次は、イラン、北朝鮮など他の国々に対してではなく、自国の核兵器を全廃するための取り組みが必要になるだろう。毎年アメリカでは銃による悲劇的な事件が何度も起きているのだが、銃規制さえ全く進んでいない。それで、核兵器廃絶が本当に出来るかどうか、多分、無理なのだろうが、ノーベル平和賞受賞のオバマ大統領が核兵器廃絶の具体化に乗り出すことに期待する人は多いだろう。そんな人は、まず、『鉄砲を捨てた日本人』を読まれることをおすすめする。

「天下普請」で江戸の都市づくり

平和にいたる「軍縮」へは、単に鉄砲からの撤退だけでは、十分ではない。さまざまな「軍縮」の仕掛けが必要であり、そのすべてを家康が用意した。

卑怯な武器・鉄砲をすべて管理する道を切り開くのと同時に、家康は「武家諸法度」「禁中並びに公家諸法度」をつくり、法治体制の基礎を確立している。武士階級、その支配下にいる一般庶民にまで、法律によって「軍縮」を求めている。つまり、各藩などに対して、城郭の新築や造船を禁じて、さらに同盟関係を婚姻で結ぶことのないよう徹底的に管理する方策を採っている。大名の戦力増強や大名同士の連携を厳しく禁じたのである。法律違反した大名には改易、切腹など厳しい措置で臨んでいる。平和な法治体制の下で、生命が安堵され、日々の生活ができることを望む多くの人々に応えた。

　そのために、家康は大名たちに、秀吉の朝鮮出兵のような武力派遣ではなく、江戸城、駿府城築城などをはじめ、「天下普請」「お手伝い普請」と呼ばれる土木工事、都市工事で厳しい課役を求めた。大名たちの戦力の基礎である経済力を削ぐためには最良の方法だった。また、地域の発展も「天下普請」で著しく進んだ。その最も成功した象徴的な事例が、現在の東京である。

　一五九〇年、家康が江戸城に入った時、関東は荒れ果てた地でしかなかったが、その後、利根川の改修などを行い、広大な関東平野を整備し、日本一の肥沃な水田地帯に変えてしまう。現在の東京があるのは、四百年以上前、広大な関東平野の価値を見出した家康に負うところが大きい。その未開地を「天下普請」によって、多くの大名たちが整備していき、世界にも稀な江戸の都市づくりは完成する。

　江戸だけでなく、地方も潤っていく。『日本の灌漑の歴史』（国際灌漑排水委員会国内委員会編）によると、一六〇〇年の農地面積は、百年後の一七〇〇年にはその倍以上に広がっている。戦国時代には、各大名がそれぞれの領地の分捕り合戦に終始していたが、家康の時代になって、関東平野だけでなく、全国各地で新田開発が進められ、驚異的な農地の増加が見られた。豊かであり、平和な安定した経済を持つ時代を家康が築いたのである。

信長、秀吉と家康の違いは？

一六一六年四月、家康は七十四歳で亡くなる。最大の敵、当時の覇権国家スペインの日本植民地化という野望を打ち砕く大坂の陣を終えて、ちょうど一年が過ぎていた。それまで開国主義者だった家康は、激しい戦いによって、スペイン、ポルトガルのキリシタン布教に終止符を打たせ、ようやく平和への道を切り開いたばかりだった。まるで自分の任務はすべて終わったと宣言するかのようにこの世を去っていく。

家康の一生を見ていると、何かの使命感に取り憑かれているような、尋常な人間ではなかったような気がする。大量殺人、飢え、暴行、盗人、追いはぎなどが当然だった戦国時代を、法整備を含めて、他からの干渉を受けずに、平和な社会へ変える基礎事業すべてを行ってしまった。

天下人となった信長、秀吉と、家康が決定的に違うのは、信長、秀吉にとって天下を取ることだけが目的であり、天下を取った後、日本をどのように支配していくかという統治政策は明確にできなかったことである。秀吉は全国的な検地、刀狩りなどを熱心に行ったが、一五九一年に関白から太閤という最高権力者となると、それまでと違い人が変わったように暗くなる。

文禄、慶長の役（朝鮮出兵）では喜怒哀楽の変化が激しくなり、一五九八年に亡くなるまで老人性痴呆の状態が続き、最後は家康の手を握り、「わが子、秀頼をお頼み申す」などひたすら手を合わせるだけで、最高権力者の面影は全く見られない。信長の槍に頼った憐れな最期、痴呆症となった秀吉の無残な最期、いずれの最期をよく見ていたのが家康である。信長、秀吉は天下を取ったことが人生の頂点となった。

家康は天下を取るだけではなく、日本をどのような平和国家にするかという、秩序の回復や経済力の上昇を大きな目的としていた。そのためにこそ、卑怯で醜悪な武器・鉄砲を使って全力で戦い、勝利を得る。その後は「軍縮」へ大きく舵を切るのである。そして、亡くなるほんの一年前、すべての事業の基礎が出来上がった。

カトリック布教は侵略手段でない？

「平和」への舵取りをした家康だが、和辻哲郎は、そんなふうには見ていないようだ。もう一度、「頑固」家康の批判に戻ってみよう。

和辻は著書『鎖国――日本の悲劇』で、「キリスト教（カトリックを指す）を恐れて遂に国を閉じるに至ったのは精神的な意味における冒険心の欠如、精神的な怯懦《きょうだ》の故である。当時の日本人がどれほどキリスト教化しようと、日本がメキシコやペルーと同じように征服されるなどということは決してあり得なかった」、「キリスト教を無制限に摂取しても、日本侵略の手段に用いられることはなく、それをなし得なかったのは為政者（家康を指す）の精神的怯懦の故である」と繰り返し、キリスト教禁令を経て、鎖国（スペイン、ポルトガルと国交断絶して、オランダ、イギリスと国交を行った）にいたった家康を「精神的怯懦の故」、すなわち、臆病で意志が弱かった、と非難している。

本当にそうなのだろうか。

一六〇九年秋に日本を訪れた、前フィリピン総督ロドリゴ・デ・ビベロの報告書には、家康に対して、仏教や神道の代表者たちが、キリスト教を追放するように要望した場面が登場する。その要望に対して、家康は「日本にはさまざま三十五の宗教がある。そこに、キリスト教が加わって、宗教の数が三十六となったところで大差ないではないか。キリスト教もそのまま住まわせておけばよい」と即答した、とある。

家康にとって、キリスト教は日本にある宗教の「三十六番目」という位置付けであり、だからこそ、寛大に容認の姿勢を示したのであり、イエズス会だけでなく、フランシスコ会、アウグスチノ会などの宣教師を快く受け入れていた。しかし、第一章「暴君」、第二章「腹黒」で紹介したように、スペインの日本侵略手段として布教活動があると分かった時、家康はそれまでの考えを改めて、カトリック勢力の壊滅に乗り出すのである。

「日本がメキシコやペルーと同じように征服されることなどない」と家康は考えていない。アダムスからの情報を基に、大国スペインと自国の実力を比較することができた。意味のない日本国優位論、「神国」意識など持ち合わせてはいなかった。カトリックが日本侵略の手段に用いられることがなかったならば、家康は、日本の「三十六番目の宗教」として、カトリックを禁じることなどなかった。政教一致のカトリック布教の危険性を家康は強く意識したのである。和辻の「日本侵略の手段に用いられることはなかった」という楽観的な論調について、家康は賛同することができなかった。

「頑固」家康は、覇権国家スペイン、カトリック勢力と徹底的に戦った。もし、そうでなかったならば、カトリック勢力は日本に根を張り、スペインの日本植民地化という野望の芽は大きく成長していっただろう。一六一四年一月に出したキリスト教禁令に続き、大坂の陣で、カトリック勢力を徹底的にたたきつぶしたことで、日本という小国は守られたのである。家康とイギリス人ウイリアム・アダムスとの出会い、プロテスタント国であり、大国スペインと対立する新興国オランダ、イギリスとのつながりなどすべて偶然だが、日本へ味方したのである。

望遠鏡を手にした家康

和辻は「家康は禁教令に先立ってオランダ貿易を始めている。しかし十六世紀末十七世紀初頭のヨーロッパ文明を摂取したいと考えつつ、そこからキリスト教だけを捨てて取らないというようなことはとうてい出来るわけではない。この際、宣教師を追放しキリスト教を禁ずるということは、新しい時代の流れを、故意に古い軌道へ帰すということにほかならなかった。これは純然たる保守的運動である」とキリスト教、それもカトリックこそが文明の最先端だ、と主張している。

和辻は、カトリックとの関係を断つことで、文明そのものを失ったような錯覚をしている。ところが、最先端の文明を否定したのはカトリックの側である。

家康の亡くなった一六一六年、カトリックの総本山バチカンで、コペルニクスの地動説を禁止する宗教裁判が開かれている。その裁判で、ガリレオ・ガリレイ（一五六四〜一六四二）は沈黙を強いられることになる。さらに、ローマ法王の名の下、バチカンは一六三三年にガリレオに終身刑（後に自宅監禁）を言い渡している。

一六一三年三月一日、家康は駿府城天守閣で日蝕を観察している。カトリックの宣教師たちは「日蝕は、キリスト教禁令を神がお怒りになったからだ」と家康に伝えている。イギリスに残るウイリアム・アダムスの手紙には、家康はアダムスから熱心に西洋の数学、幾何学、地理学などを学んだ、と記される。航海技術に習熟するアダムスは「太陽、月、星との関係」を家康に教えていた。もちろん、家康は「日蝕が神の怒りだ」というカトリックの教えを信じていなかった。

一六一三年九月、家康はイギリスからの初めての使節団を駿府城に迎えている。イギリス王ジェームズ一世からの贈り物に、望遠鏡があった、と日英の文書に残る。『駿府記』には「長さ一間（約一・八メートル）の望遠鏡であり、六里（約二十三キロ）先が見えた」と書かれている。望遠鏡の発明が一六〇八年とされているから、本当に初期の望遠鏡だったはずだが、残念ながら、その贈り物は現存していない。

日本で初めての望遠鏡を手にした家康は、月や星の世界を楽しんだのだろうか。ガリレオは一六〇九年、二十倍率の望遠鏡をつくり、いくつもの画期的な成果を挙げたことが知られている。月に山やクレーターがあり、天の川が無数の星によってできていることなどがガリレオの発見である。望遠鏡による天体観測から天動説が誤りであり、コペルニクスの地動説が正しいことをガリレオは確信するのである。

バチカンが地動説を禁じたことを間違いだったと認めるのは、ガリレオの死から三百五十年も経ってからである。一九九二年十月のことであるから、和辻哲郎の生きていた時代には、公式にはバチカンは天動説を採用していたことになる。

ケンペルの見た「鎖国」日本

望遠鏡をのぞいた後、家康は、アダムスのつくった簡単な地球儀を見ながら、イギリスから日本へ至る北方航路探検に思いを馳せている。アダムスは家康に「望遠鏡は羅針盤とともに新しい航路開発に重要な道具だ」と説明している。ロシアの最北端を横断する航路があれば、イギリス、日本が最短距離で結ばれる、とアダムスは家康に説明する。新しい航路開発で、家康はアダムスに「日本の最北端にある蝦夷（北海道）」を教える。アダムスは蝦夷という名前さえ全く知らなかった。望遠鏡を家康に贈ったイギリス大使ジョン・サーリスの日本報告記に「蝦夷は日本の北西方、本土を隔たる約十里の地点にある大きな島である」などと記され、アダムスからの情報を基に、北海道の存在を初めてヨーロッパに伝えている。

家康はアダムスに、北方航路探検隊の準備と指揮を任せることを決める。当時の日本人に欠けていたのは航海技術だった。アダムスはイギリス東インド会社に手紙を書いて、「新たな航路の開発のために優秀な船乗りを派遣するよう」依頼している。冒険心旺盛な家康は地球儀を見ながら、新しい航路の可能性を夢見ていたのである。

さて、これでも家康は、和辻の指摘するような「頑固」リーダーであったのかどうか。家康が関ヶ原の戦い、大坂の陣に勝利を収め、その後の平和な時代を築いたことは否定できない。江戸時代は、その平和を享受して、独特の日本文化が花開いた。どういうわけか、家康に対する評価は海外でのほうが高いようだ。

一六九〇年九月から一六九二年十月まで日本に滞在した、ドイツ人医師エンゲルベルト・ケンペル（一六五一～一七一六）が著書『日本誌』の中で、「日本は完全な閉鎖状態にある」と述べ、これを江戸中期の蘭学者志筑忠雄《しづきただお》（一七六〇～一八〇六）が『鎖国論』として抄訳してから、日本で「鎖国」という言葉が使われるようになった。ケンペルは日本の「鎖国」をどう感じたのか。

この民は、習俗、道徳、技芸、立ち居振る舞いの点で世界のどの国民にも立ち勝り、国内交易は繁盛し、肥沃な田畑に恵まれ、頑健強壮な肉体と豪胆な気性を持ち、生活必需品はありあまるほどに豊富であり、国内には不断の平和が続き、かくて世界でもまれに見るほどの幸福な国民である。（中略）

一人の君主の至高の意志によって統御され、海外の世界との交通を一切断ち切られて完全な閉鎖状態に置かれている現在ほどに、国民の幸福がよりよく実現している時代をば遂に見出すことは出来ないであろう。

（ケンペル『日本誌』）

ケンペルの「鎖国」に対する結論は、和辻の著書『鎖国——日本の悲劇』を真っ向から否定している。「生活必需品はありあまるほど豊富」という社会は、現代の北朝鮮のような不幸な国々では考えられない。ケンペルは帰国してから、『日本誌』を書いているのだから、どこかの圧力があって、日本をほめたたえているわけではない。約二年間の滞在で、自分の目で見たことをありのままに書いたはずだ。最も重要なのは、国民の多くが食べることができているのであれば、政治は十分機能していると見るべきではないか。

一人の君主に統制されてはいるが、安定した、ほぼすべての人々にとって幸福な社会が存在する、とケンペルは正当に見て、感じて、書いたのである。

浮世絵、歌舞伎、俳句などに代表される庶民文化が花開いた江戸時代が、キリスト教（カトリック）を受け入れなかっただけで「日本の悲劇」と断定して、「頑固」家康と否定するのはあまりに一方的すぎるようだ。食べることが十分にでき、娯楽に親しむ生活をわたしたちは幸福と呼ぶのだから、当時の時代的な価値観の中では、ケンペルの著書を和辻の書名にあてはめるならば、『鎖国――日本の幸福』となってもおかしくないだろう。

権現様は太鼓腹の肥満型

江戸っ子は、家康を「権現様」と呼び、親しく尊崇した。権現様の姿は、久能山東照宮博物館収蔵の「東照大権現像」で見ることができる。久能山東照宮だけでなく、栃木県立博物館、徳川記念財団、日光東照宮など全国各地に、ほぼ同じ姿の権現像が所蔵されている。

神格化された家康の権現像は、顔つきはふくよかかつ柔和で、威厳も兼ね備えているが、丸々とかっぷくのよい姿、ぎょろりとして大きな目は、まさしくタヌキである。このようなでっぷりとした太鼓腹の「狸おやじ」姿が、現在とは違い、江戸っ子たちの人気を呼んだのである。

「権現様」家康は、正式な衣冠束帯姿ではあるが、その衣服の下に、でっぷりと太った太鼓腹を持ち、肥満体型であった。確かに、そうだった証拠もそろっている。

久能山東照宮博物館には、正式の礼服、略礼服の上衣（「袍《ほう》」「直垂《ひたたれ》」などと呼ばれる）、長袴、表袴、足袋など家康が着用した衣類二十五点（すべて国の重要文化財）を収蔵している。岡崎の大樹寺位牌（等身大でつくられた、とされる）から身長は百五十九センチ、ま

徳川家康（東照大権現）像

家康の衣冠用の袍《ほう》（国の重要文化財）

た、久能山東照宮の衣類から推測すると、胴回り百十センチ、腰から下の長さ八十センチ、足の大きさ二十四センチくらいとなる。つまり、身長の割には胴長で、かなり腹の辺りに贅肉がついた肥満型だった、ということになる。

また、『岩淵夜話』という、家康に比較的に近く、好意的な語り伝えを残した史料でもその風貌を次のように表現している。

徳川殿ほどおかしき人はなし、下腹膨れておわすゆえ、自ら下帯しむることかなわず、侍女どもに打ちまかせ結ばしめらるる。

　こちらでも、家康は自分で下帯を締めることもできないほどの、ずんぐりむっくりの太鼓腹だった、と証言している。つまり「狸おやじ」というあだ名は、何よりも、肥満した、太鼓腹を持つタヌキそのままの風貌から名付けられたのだ。

京都・伏見で、能「舟弁慶」の義経を演じた時にも、周囲からは同じように揶揄《やゆ》されている。

　家康公が舟弁慶の時、義経を演じられたが、太りたる老人なれば、ずいぶんみっともない体型で、義経らしきところは少しもないと皆笑った。（『武辺雑話』）

体型のことで、これだけはっきりと笑われてしまえば、「狸おやじ」家康は愛嬌ぶりを見せるしかない。

やせている家康の肖像画もある

ところで、死後に描かれた東照大権現像とは違い、実際の家康はやせていたのだ、という指摘もある。

久能山東照宮博物館には、六十歳前後の家康を描いた肖像画がある。弓馬礼法の名家、小笠原家に伝来した徳川家康像で、小笠原家の由緒によれば一六〇四年、小笠原経直が家康より五百石の知行を賜り、旗本の列に加えられたことを祝い、家康存命中に描かせたものと言われている。この肖像画を見る限りでは、狸をイメージすることはできない。一六〇三年に征夷大将軍となった、眼光鋭い、太ってはいない家康の姿がそこにある（口絵iページ）。

一九二五年に小笠原家から久能山東照宮に寄贈されている。

やせていると言えば、家康を描いた最も有名な「三方原戦役画像」（名古屋・徳川美術館蔵）、いわゆる「顰像《しかみぞう》」と呼ばれる、不思議な正面向きの座像は少しも太っていないどころか、気味悪くやせて、こちらを恨めしそうに見ている。当時、家康三十歳である。左手で顎《あご》の辺りを支え、右手は不自然に組んだ左足を強く握っている。目が異様に飛び出して、眼窩《がんか》はくぼみ、白い前歯をむき出しにして歯の痛みをこらえているような心理的な不安が直接的に伝わる。まるで、フェルメールの絵画のように、恐怖の一瞬を写真でとらえたような緊迫感が伝わる傑作である。この絵画の由緒は、三方原合戦で武田方に惨敗、命からがら家康が浜松城に逃げ帰って、すぐに絵師に描かせたのだ、とされている。

「三方原の敗戦を忘れないで教訓とせよ」。その戒めのために描かせ、家康は生涯、難しい局面に出会う度に、この肖像画をじっくりと見ていたのだ、というおまけまで付いている。関ヶ原の戦いなど、その後の戦いでも、絵師を同行させているのであれば、信憑性もあるが、武田との三方原合戦でのみ肖像画を描かせた、というのは信じがたい。

いくつかの肖像画にあるように、家康は中年まではやせていて、六十半ばを過ぎた晩年になってからぶくぶくと太ったのだろうか。

肖像画だけでなく、家康の真の姿がどうだったか、いまとなっては不確かなことばかりである。家康は和歌や漢詩を残していないし、連歌や茶の湯などは苦手だったらしい。家康作とされる「目は霞　耳は蟬なく　歯は落ちて　雪をいたたく　年の暮かな」の素直に老年の哀れを詠んだ狂歌には信頼を置くことができるが、ほとんどの史料は偏向的であるか、創作そのものである。

仇討ちの舞台をつくった家康

それで、最後に創作ではない、人情エピソードをもうひとつ、紹介する。「忠臣蔵」の赤穂浪士を祀る、泉岳寺を創建したのは家康だ、という意外な事実を知っていただきたい。それも、桶狭間の戦いであっけなく生命を落とした今川義元の菩提を弔うため、一六一二年に義元の孫、門庵宗関に開山させている。家康七十歳の時である。

一六一二年二月に岡本大八事件が起きて、家康はスペインの日本植民地化、これと呼応する幕府転覆計画などの慌ただしい動きを知ることになる。三月に岡本大八、キリシタン大名有馬晴信を処刑した後、四月に入り、駿府の家康を今川義元の長子、今川氏真《うじざね》（一五三八〜一六一四）が京都から訪ねている。氏真は七十四歳。駿府の今川家は滅びたが、氏真は生き延びていた。家康が氏真を長く庇護してきたのである。

氏真は江戸へ下向する途中であり、父親義元のために建てられた泉岳寺へ訪れることを楽しみにしていた。駿府で家康、氏真は親しく昔話に花を咲かせる。

家康は若い時、今川の人質になって苦労したのだろうか。多分、これもそうではないのだろう。

臣下が主人を殺し、兄弟親類が血で血を洗う殺戮を繰り返した戦国時代、家康は駿府の義元に庇護された、と見るべきである。家康の場合、祖父、父親ともに臣下に殺されている。三河は領主なき状態で、家康の臣下への領地安堵は義元が行った。幼い家康に刃向かっても、義元と戦うなどという臣下はいなかった。

一方、義元の生命を奪うことになった信長は父信秀の死後、十八歳で跡を継いだ。当時尾張は争乱状態にあり、二十七歳の桶狭間の合戦での勝利まで、兄弟、一族間との間で生きるか死ぬかの戦いに終始していた。

後年、安寧の地として駿府を選んだ家康にとって、人質とはいえ、生命の危険を冒すことなく過ごした駿府は、素晴らしい記憶の場所でもあったのだろう。

だからこそ、桶狭間の戦いで義元が亡くなったのを知った家康は、兄とも慕う氏真とともに義元の弔い合戦を行うことを決断する。しかし、駿府の氏真は動かなかった。その後、一五六八年に武田信玄が駿府城を落として、今川家は滅んでいる。さらに十五年を経て、家康は甲州を攻めて武田家を滅亡させる。

桶狭間の戦い直後、父とも慕う義元を失った十九歳の家康は、二十七歳の信長に仇討ちを挑もうとした。家康が、義元の弔い合戦に敗れれば、赤穂浪士が眠る泉岳寺という

1612年家康が創建した泉岳寺山門

歴史の舞台も生まれなかった。五十年以上の時を経て、家康はようやく敬愛する義元の菩提を弔う泉岳寺を創建するのである。泉岳寺が赤穂浪士の墓所というだけでなく、家康が義元のために創建した寺であることを知って訪れれば、家康の素顔が少しは見えてくるかもしれない。

「暴君」「腹黒」「狡猾」「強欲」そして「頑固」というあくどい評判から、「狸おやじ」家康を見てきた。和辻の『鎖国――日本の悲劇』をはじめ、家康に対する評価は、圧倒的に低い、あるいは貶められているのが事実である。

また、和辻がそうであるように取捨選択した資料を基に、それぞれの主観的な感情が多く入り込んでいる。多分、好き嫌いで言えば、家康が嫌いな方のほうが多いのだろう。徳川時代を象徴する「権現様」家康を明治政府が徹底的に否定した影響も大きいのだろうが、いまでも、「家康＝悪人、いやな奴」という評判を疑う人は少ないのかもしれない。

「狸おやじ」の極意に触れる

しかし、たとえ、どんな悪人、いやな奴であろうが、日本の歴代統治者の中で、最も国際的な政治家であり、最も的確な判断のできたのが家康だったことを、私は疑わない。秀吉による二度の大出兵で最悪の関係にあった朝鮮との修復に乗り出し、関ヶ原の戦いから五年後には、朝鮮の代表松雲大師《しょううんたいし》と伏見城で和解を成立させてしまう。三十万人以上の日本軍が朝鮮のほぼ全土を蹂躙《じゅうりん》し尽くし、大量殺戮だけでなく、数多くの歴史的建造物の破壊、国宝級文化財を略奪した。秀吉の死によって日本軍は撤退したが、朝鮮の人々の深い恨みはあまりに大きく、いまも、その恨みは残っている。一六〇七年、五百人以上もの朝鮮通信使が駿府の家康のもとを訪れ、新たな友好関係を築いている。

家康によって、いともたやすく講和が成立しているが、松雲大師との間でどのような話し合いが持たれたのか、一切記録は残されていない。ただ、家康は朝鮮へ一兵も送っていない。隣国朝鮮を武力で支配しようとした秀吉の悪名はいまも残るが、欧米と同様に韓国、中国などでも家康は高い評価を得ている。

二十一世紀、私たちが生きている時代、韓国、北朝鮮、中国との関係は最も気になるところだ。日本のみが敵視されていることを強く感じている。いつ、不測の事態が起きてもおかしくない、と誰もが考えざるをえない。その時、「狸おやじ」リーダー、家康という個人が出現して、日本を引っ張ってくれることを望むのは、私だけだろうか。

もし、あなたが、いまの日本を取り巻く国際的な政治状況や社会の混乱に不安を覚えるのならば、一度、久能山東照宮を訪れて、じっくりと家康という人物像に触れることをおすすめする。「暴君」「腹黒」「狡猾」「強欲」「頑固」という悪評ふんぷんの、「狸おやじ」家康の真の姿を知っていただけるだろう。

あとがき

「狸おやじ」のすすめ

なぜ、いま家康なのか？

一五四二年十二月二十六日、家康は三河の岡崎城で生まれ、一六一六年四月十七日駿府城に七十五歳で亡くなり、遺骸は久能山に移されました。山頂付近にお墓がつくられ、一年七カ月という短期間で東照宮が建造されます。

二〇一五年四月は、家康が亡くなって四百年を迎え、久能山東照宮をはじめ全国の東照宮社で四百年大祭が開催されます。

二〇一一年の3・11東日本大震災、福島第一原発事故、さらに韓国、中国との領土を巡る軋轢に始まり、日本を巡る大動乱の予兆が各所で見られます。一千兆円超という未曾有の借金を抱え、国内貯蓄では膨れ上がる赤字を賄えなくなり、また、大規模な金融緩和策などを実施した「アベノミクス」の効果もいずれ終わりを告げ、国際社会を巻き込んだ、政治的、経済的な緊張に向き合う可能性は高いでしょう。一九二三年の9・1関東大震災を経て、泥沼の戦争に突入した昭和初期の時代と相似点が多く、近い将来、不幸な時代を私たちが経験するリスクは小さくないようです。

いまこそ、家康を見直す、ちょうどよい機会なのです。

「織田がこね　羽柴がつきし黄金餅　座りしままに食うは徳川」と詠われ、家康と言えば、「いいとこ取り」「腹黒」「強欲」「ずる賢い」、つまり「狸おやじ」のイメージばかり強調され、国内では多くの日本人に嫌われるように仕向けられてきました。ところが、韓国、中国ではホワイトカラー層を中心に家康の人気は高く、欧米でも日本ブームの先駆けとなったテレビ番組「将軍」をはじめ、家康についてさまざまに研究され、大英百科事典（ブリタニカ）でいう「イェイエッスサマ（家康様）」人気は定着しています。

日本で誤解されてきた家康が、なぜ、海外で人気が高いのでしょうか？

家康が、真の国際人として自国をどのように守り、どのように繁栄させるのかを優先して、西洋人とタフに渡り合ったことを海外の研究者らがよく知っているからです。明治以降、日本人は西洋人に劣等感と恐怖を抱き続けるのですが、家康は西洋人であれ、はっきりと「ノー」を言うことができる、近代的な合理性の持ち主でした。

「厭離穢土《おんりえど》　欣求浄土《ごんぐじょうど》」を旗印に、「戦国の世を穢土とし、浄土と呼ばれる平和な世をつくりたい」と願い、家康は四十年間かけて天下統一を成し遂げました。晩年の駿府での十年間は、日本の植民地化への危機と向き合いました。イギリス人ウイリアム・アダムスの力を借り、スペイン×カトリック教会の世界支配の脅威を徹底的にたたき、家康が江戸二百七十年の平和の礎を築いたことが本書の大きなテーマです。

また、駿府で老年を過ごした家康には、学ぶべき点がたくさんあります。人生の時間には限りがあり、そこで何をすべきか。久能山東照宮博物館には家康の生き方を伝える遺品が数多くあります。家康ゆかりの文化財を通して、なぜ、「暴君」「腹黒」「狡猾」「強欲」「頑固」と呼ばれたのか、本書でその理由を知っていただき、新たな家康像に向き合うことになったはずです。「狸おやじ」の生き方に大いに共感していただけたでしょうか。こんな不安な時代にこそ、家康のような「狸おやじ」リーダーの登場を願うのは私だけではないはずです。

ちなみに、一六一六年四月に亡くなった著名人には家康のほかに、シェークスピア、セルバンテスという大文豪がいます。ですから、二〇一六年は家康、シェークスピア、セルバンテスに関わる没後四百年イベントが開催されるはずです。本書で紹介したように、イギリス、スペインとの関係を通して、家康を見直す絶好の機会になるよう願っています。

２０１４年5月　小林　一哉

（※口絵をはじめ、本書で紹介した文化財は注釈のない限り、すべて久能山東照宮博物館が所蔵しています。また、紹介した文化財が展示されていないこともありますので、事前に問い合わせてください）

徳川家康外交年表

西暦	元号（年）	
一二九八年頃	永仁　六頃	中国に滞在したイタリアの商人マルコ・ポーロが『東方見聞録』を口述。日本をジパング（黄金の島）と呼び、初めてヨーロッパに紹介。ポーロは日本へは訪れていないが、一二七四年、八一年の二度、日本が世界最強の元の軍隊を撃退したことを知る。
一四九四年	明応　三	スペイン、ポルトガル国王とローマ法王はトルデシャリス条約（植民地分割協定）を取り交わして、世界を二分割して非カトリック国を植民地化することを決める。ベルデ岬諸島の西方約二千キロより東側をポルトガル、西側をスペイン領土とし、両国は中南米、アフリカ、アジアの植民地化に乗り出した。トルデシャリスはスペインの都市。日本を含む地域はポルトガルの取り分とされる。
一五四三年	天文　一二	ポルトガル船が種子島に漂着、火縄銃を伝える。
一五四九年	天文　一八	ポルトガルのイエズス会フランシスコ・ザビエル（一五〇六～五二）が日本に上陸する。
一五六〇年	永禄　三	幕府はイエズス会の布教を許可。この後、ポルトガルの武装艦隊「黒船」が続々と長崎、平戸に来航し、九州では大騒ぎになる。ポルトガル船で日本人の奴隷貿易が盛んに行われる。ポルトガル王ジョアン三世が、ローマ法王に日本の植民地化を進言。ジョアン三世の「異教徒は人間なのか」の問いに、ローマ法王は「殺すなかれという戒律はキリスト教徒だけに限る」と答えて、日本でも植民地化のため大量殺戮を容認。

一五七九年	天正　七	イエズス会の大物アッレンサドロ・バリニャーノが来日。一六〇三年まで東インドにとどまり、日本に何度も滞在、ポルトガルが日本を植民地化できる方策を探った。バリニャーノの手紙には、「日本はトルデシャリス条約で、ポルトガル征服圏内にあるから、手を出すのをやめてほしい」とマニラのスペイン司令官に書いている。
一五八〇年	天正　八	スペインによるポルトガルの併合。スペイン王フェリペ二世が、ポルトガル王を兼任。併合の条件として、ポルトガルの海外領土に別個の独立した行政権の継続を認める。
一五八一年	天正　九	新興国オランダはネーデルランド共和国としてスペインから独立を宣言、各地で戦いが始まる。
一五八七年	天正　一五	秀吉のバテレン追放令。バテレンに、二十日以内の国外退去を命じる。追放の理由のひとつは、ポルトガルの日本人女性奴隷貿易禁止が含まれたとも。
一五八八年	天正　一六	イギリスがアルマダ（スペイン無敵艦隊）を撃破。両国の戦いが激化する。
一五九〇年	天正　一八	家康、関東の浦川（浦賀）に対外貿易港を開港。東アジア貿易の拠点とする試みだった。
一五九二年	文禄　元	秀吉の朝鮮出兵（文禄の役）。十五万の軍隊を朝鮮へ送ったが、朝鮮水軍に敗れ、補給路を断たれて、明の仲介で休戦する。
一五九三年	文禄　二	スペインのフラシスコ会がフィリピンから日本へ本格的に上陸。フィリピンのスペイン政府代表と名乗った。京都に教会、大阪に修道院をつくっていく。
一五九四年	文禄　三	スペインはポルトガルのリスボン港から交戦状態のオランダ船を締め出して、アジア貿易からの商品を手に入れられないようにした。

西暦	元号（年）	
一五九六年	慶長　元	スペインの商船サン・フェリペ号が土佐沖で漂流。サン・フェリペ号の航海長フランシスコ・デ・サンダは「スペイン王は多数の宣教師を送り、キリシタンになった者と一緒になって諸国の王を倒し、広大な領土を支配する」と主張した。秀吉はフランシスコ会宣教師、日本人信徒ら二十六人を検挙、長崎で処刑した。後に「二十六聖人の殉教」と呼ばれた。 秀吉、再び、朝鮮出兵（慶長の役）。遠征軍の士気は上がらず、秀吉の死（一五九八年）で撤退した。
一五九七年	慶長　二	スペインは百十二隻の艦隊をイングランドに派遣、嵐に巻き込まれて失敗する。イギリスの記念メダルには「神は風を起こし、そして彼らは追い散らされた」とある。
一五九八年	慶長　三	ウイリアム・アダムスの遠征隊の出発。 スペインのフェリペ二世没。秀吉没。 家康は、フランシスコ会宣教師ジェズスをマニラへ派遣。鉱山技師を招いて銀採掘の指導、メキシコ貿易への日本商人の参加、帆船造船技術の供与などを求めた。フランシスコ会の布教許可、江戸での教会・慈善病院の建設承認などをフィリピン総督に提案させた。
一六〇〇年	慶長　五	オランダのリーフデ号で、初めてのイギリス人アダムスが大分に漂着。家康は大坂城でアダムスと面会する。

一六〇一年	慶長 六	リーフデ号の漂着、オランダに伝わる。オランダが東アジア貿易に進出するきっかけとなる。 フランシスコ会宣教師ジェズスがマニラから戻り、伏見で家康[illegible]に献じたが、肝心の交易等での成果はなかった。ジェズスは京都で死去
一六〇三年	慶長 八	イギリスのエリザベス女王死去、ジェームズ一世即位。家康が征夷大将軍となり、[illegible]幕府を開く。フランシスコ会宣教師ソテロが家康に面会する。
一六〇四年	慶長 九	イギリスが反攻作戦に出るが、スペイン側が勝利。
一六〇五年	慶長 一〇	リーフデ号船長ヤコブ・クァッケルナックらが東インド会社のオランダ人らに会う。 家康は秀忠に将軍職を譲り、駿府に移る。鉱山経営、通貨の統制、外交などはすべて家康が行い、秀忠には内政を任せる二元政治が始まる。
一六〇六年	慶長 一一	東インド海洋で、ポルトガルとオランダが海戦を行い、リーフデ号の元船長クァッケルナックが戦死した。
一六〇七年	慶長 一二	ヒロン来日。
一六〇八年	慶長 一三	家康がスペインとの交易を求め、日本におけるスペイン人の活動が活発化する。ローマ法王がこれまでの政策を曲げてポルトガル人以外の宣教師の日本における布教禁止令を解き、スペイン宣教師に日本での布教の自由を認めた。 アダムスが家康の外交使節としてマニラを訪問、フィリピン臨時総督ロドリゴ・デ・ビベロと会見する。ビベロは寄港する商船への保護と厚遇、在日キリシタン保護などを求めた。

西暦	元号（年）	
一六〇九年	慶長　一四	初めてのオランダ船が平戸に到着する。メキシコに戻るビベロのサンフランシスコ号が暴風雨で千葉県沖に漂着、約三百二十人の乗組員が救出される。家康の外交顧問アダムスはビベロと再会する。ビベロが駿府へ到着、漂着したスペイン船の乗組員代表、スペイン政府代表として、家康と会見した。
一六一〇年	慶長　一五	有馬晴信がポルトガルの黒船へ焼き討ち攻撃。日本とポルトガルとの最大の海戦となる。スペインのフランシスコ会宣教師ソテロは、仙台藩の伊達政宗に面会する。ビベロはサン・ベナベントゥーラ号（百二十トンのアダムス建造の西洋帆船）で浦川（浦賀）から出港、アダムスの手紙によればスペイン人八十人が乗船。三カ月後にマタチェル港、その後アカプルコ港に到着。
一六一一年	慶長　一六	オランダが日本の通商許可を得る。ヤックス・スペックスはアダムスを通訳として雇い、家康に面会、家康からオランダ国王マウリッツ公宛の親書を得る。スペイン大使セバスティアン・ビスカイノが駿府を訪れる。ビスカイノはダブレット、半ズボン、襞襟、ケープといった装いに純金をあしらった羽根飾りの帽子をかぶった派手な格好で、二十四人のマスケット銃兵は式典用に銃を撃ち、大国スペインの威厳を示した。
一六一二年	慶長　一七	岡本大八事件。ポルトガルの黒船を撃退したキリシタン大名有馬晴信、本多正信配下、キリシタン旗本岡本大八が処罰された。幕府直轄地などでキリスト教禁令発布。

一六一三年	慶長　一八	金山奉行大久保長安が死亡。家康は長安の葬儀を中止させ、一族もろとも処刑した。イギリスの東インド会社代表サーリスが家康に面会、通商許可を求めるジェームズ一世の親書を手渡した。サーリスは商館設置を浦川（浦賀）ではなく、平戸に決める。
		ビスカイノが日本を去る。伊達政宗が送った使節団の団長支倉常長、ソテロらの使節百四十人に同行して帰国。ビスカイノはメキシコに戻って、アカプルコ市長に就任する。
一六一四年	慶長　一九	幕府は全国にキリスト教禁令を発布した。
		サーリスはイギリスに帰国。ジェームズ一世に家康からの贈り物を届ける。家康はイギリスから大型鉄砲、火薬類など大量に買い占めた。
		大坂冬の陣。
一六一五年	元和　元	大坂夏の陣。
		家康から、平戸にいたアダムスに駿府に参上するよう緊急命令。メキシコからのスペイン大使ディエゴ・デ・サンタ・カタリーナが駿府に到着した。家康は大使と会見をせず、日本から即座に退去するよう命じる。
一六一六年	元和　二	四月十七日、家康死去。日本の世界交流時代は終わる。
		幕府は、さらなるキリスト教禁令と外国船の長崎、平戸回航、領内での外国船貿易の禁止を発布した。
一六一八年～一六四八年	元和　四～慶安　元	三十年戦争が始まる。カトリック対プロテスタントの宗教戦争。戦争末期にスペインは弱体化する。

西暦	元号（年）	
一六二〇年	元和　六	アダムスが平戸で死去。 支倉常長がマニラからひそかに帰国するが、一六二二年（元和八）に死去。
一六二二年	元和　八	宣教師ソテロが密航、潜伏したが、捕らえられ、大村藩で火炙りの刑。
一六二三年	元和　九	イギリス商館が閉鎖。十年間の利益は、商館の運営と社員の生活コストに消えて、四千ポンドの赤字となった。
一六二四年	寛永　元	スペイン人すべてが日本からの退去を命じられる。
一六三九年	寛永　一六	ポルトガル人すべてが日本から退去を命じられる（オランダ以外のヨーロッパ諸国は交易を許されなかった。後に「鎖国」と呼ばれる外交が始まる）。

主な参考文献

アビラ・ヒロン『日本王国記』(佐久間正、会田由、岩生成一訳、岩波書店)
ドン・ロドリコ・デ・ビベロ・イ・ベラスコ『日本見聞録』(村上直次郎訳註、雄松堂書店)
セバスティアン・ビスカイノ『金銀島探検報告』(村上直次郎訳註、雄松堂書店)
金地院崇伝『増訂 異国日記抄』(村上直次郎訳註、駿南社)
フアン・ヒル『イダルゴとサムライ――16・17世紀のイスパニアと日本』(平山篤子訳、法政大学出版局)
オルファーネル『日本キリシタン教会史 1602―1620年』(井出勝美訳、雄松堂書店)
レオン・パジェス『日本切支丹宗門史』(吉田小五郎訳、岩波書店)
P・G・ロジャーズ『日本に来た最初のイギリス人――ウィリアム・アダムズ＝三浦按針』(幸田礼雅訳、新評論)
ジャイルズ・ミルトン『さむらいウィリアム――三浦按針の生きた時代』(築地誠子訳、原書房)
ジェームズ・クラベル『将軍』(宮川一郎訳、TBSブリタニカ)
マイケル・アームストロング『アメリカ人のみた徳川家康――日本人の気づかない家康パワーの秘密』(宮崎正弘訳、日新報道)
『慶元イギリス書翰』(岩生成一訳註、雄松堂書店)
ノエル・ペリン『鉄砲を捨てた日本人――日本史に学ぶ軍縮』(川勝平太訳、中央公論社)
エンゲルベルト・ケンペル『日本誌――日本の歴史と紀行』(今井正訳、霞ケ関出版)
和辻哲郎『鎖国――日本の悲劇』(筑摩書房)
白石一郎『航海者――三浦按針の生涯』(文藝春秋)
早川育「徳川家康とスペイン――ビベロとビスカイノの日本人観」(『日本スペイン交流史』第5章、れんが書房新社)
平川新「スペインの対日戦略と家康・政宗の外交」(国史談話会雑誌50号)
清水有子『近世日本とルソン――「鎖国」形成史再考』(東京堂出版)

宮崎正勝『黄金の島ジパング伝説』（吉川弘文館）
鈴木かほる『徳川家康のスペイン外交――向井将監と三浦按針』（新人物往来社）
川上隆志『江戸の金山奉行 大久保長安の謎』（現代書館）
鬼塚英昭『天皇のロザリオ』（成甲書房）
山口隆二『日本の時計――徳川時代の和時計の一研究』（日本評論社）
角山栄『時計の社会史』（中央公論社）
デービッド・トンプソン「1581年ハンス・デ・エバロ作、真鍮金メッキ、ゼンマイ駆動、卓上時計調査報告」（佐々木勝弘訳、久能山東照宮）
邦光史郎『カラーで読む 大坂冬の陣夏の陣――徳川政権250年が確立した日』（PHP研究所）
岡本良一『大坂冬の陣夏の陣』（創元社）
隆慶一郎『影武者徳川家康』（新潮社）
『歴史読本』編集部編『隆慶一郎を読む』（新人物往来社）
小泉三申『由比正雪』（岩波書店）
山本七平『徳川家康』（プレジデント社）
山本七平『帝王学――「貞観政要」の読み方』（日本経済新聞社）
守屋洋『「貞観政要」のリーダー学――守成は創業より難し』（プレジデント社）
山岡荘八『徳川家康』（講談社）
小林明『晩年の家康』（三井記念美術館「徳川家康の遺愛品」展図録）
NHK取材班編『その時歴史が動いた5』（KTC中央出版）
徳川恒孝『江戸の遺伝子』（PHP研究所）

久能山東照宮　案内

久能山東照宮は、家康の没後、２代将軍秀忠の命によって建立された。1616年５月から１年７か月を要した。2010年12月、社殿（本殿、石の間、拝殿／写真）が国宝に指定された。久能山東照宮博物館が併設されている。

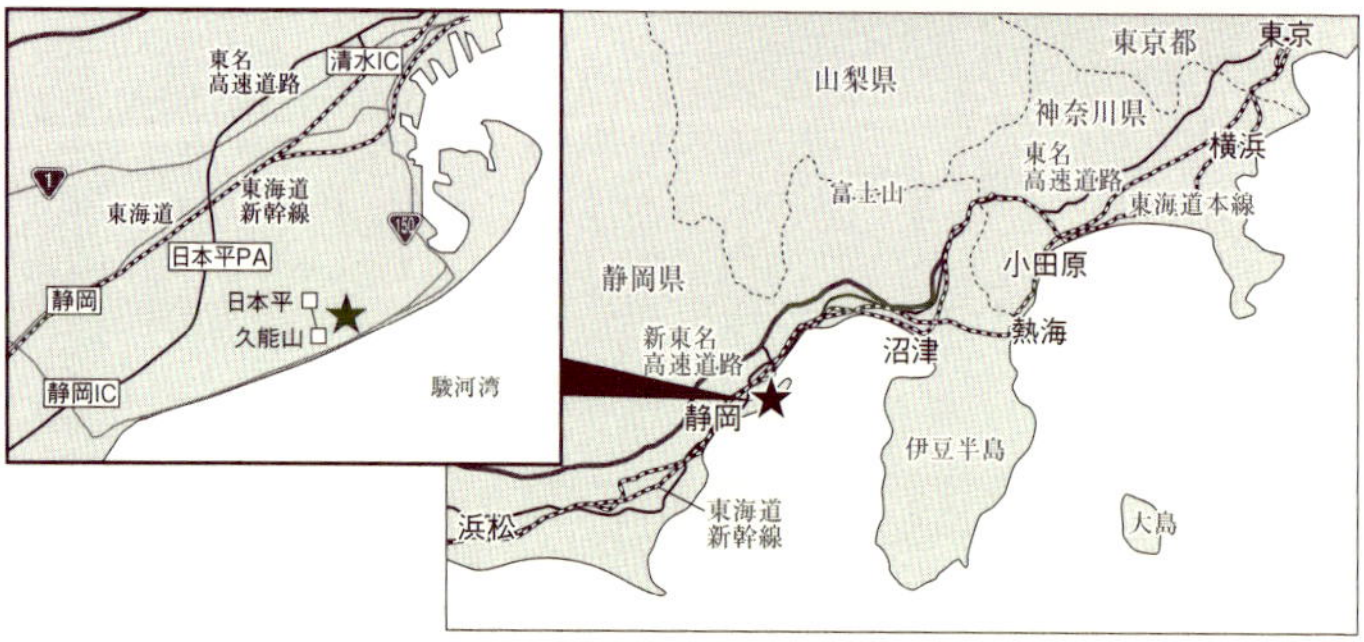

■アクセス

●日本平ロープウェイで

①バス＝JR静岡駅から、しずてつジャストラインバス「日本平行き」で終点下車→ロープウェイ乗車

②自動車＝東名静岡・清水インターから、日本平山頂→ロープウェイ乗車

●久能山下から徒歩で

①バス＝JR静岡駅から、しずてつジャストライン「東大谷行き」で終点下車→「久能山下行き」に乗り換え、終点下車→徒歩（石段1159段）

②自動車＝東名静岡・清水インターから、交差点「久能山下」→山下から徒歩（石段1159段）

※詳しくは、しずてつジャストラインバス案内、日本平ロープウェイ公式サイトを参照してください。

■所在地
静岡県静岡市駿河区根古屋390

■電話
054 − 237 − 2438

■URL
http://www.toshogu.or.jp/

■拝観時間
４～９月　午前９時～午後５時
10～３月　午前９時～午後４時
（年中無休）

■拝観料

個　人	社　殿	博物館	共　通
大　人	500円	400円	800円
小　人	200円	150円	300円

※大人は高校生以上、小人は小・中学生

団　体	社　殿	博物館	共　通
大人（25人以上）	400円	350円	700円
高校生（同上）	300円	300円	550円
小・中学生（同上）	150円	120円	250円

小林一哉（こばやし・かずや）
1954年静岡県生まれ。1978年早稲田大学政治経済学部卒業後、静岡新聞社入社。政治部、文化部記者などを経て、2008年退社。現在、久能山東照宮博物館副館長、雑誌「静岡人」編集長などを務める。
主な著書に、『世界でいちばん良い医者に出会う「患者学」』（河出書房新社）、『食考　浜名湖の恵み』『心の風景――ふじの国の修行僧』『富士は生きている』（いずれも静岡新聞社）など。研究論文に、「環境政治学序論――富士山の世界遺産へのアプローチ　Ⅰ・Ⅱ・Ⅲ」（常葉大学環境システム研究所）など。

家康、真骨頂　「狸おやじ」のすすめ

発行日――2014年５月23日　初版第１刷

著者――小林一哉
発行者――石川順一
発行所――株式会社平凡社
〒101-0051 東京都千代田区神田神保町3-29
電話　(03) 3230-6593［編集］
(03) 3230-6572［営業］
振替　00180-0-29639
平凡社ホームページ　http://www.heibonsha.co.jp/
装丁――大森裕二
DTP――矢部竜二
印刷――株式会社東京印書館
製本――大口製本印刷株式会社

ISBN978-4-582-46816-8　NDC 分類番号210.5
四六判（19.4cm）　総ページ248